La física de
HOLLYWOOD

Usando películas actuales de Hollywood para inspirar la enseñanza

Samuel Cardeña & Jan-Martin Klinge

Los autores:

Samuel Cardeña Sánchez nació en 1984 y actualmente trabaja en una escuela secundaria en Ponce, Puerto Rico, desde 2015. Se ha dedicado a la docencia desde el 2008 y ha podido participar en múltiples proyectos relacionados en física, matemáticas y robótica. Además, Cardeña es consultor educativo en áreas STEM para el Caribe. Su último proyecto educativo, historia de Puerto Rico a través del lente de la robótica, le ha permitido viajar a diferentes partes del mundo por medio de Microsoft, como docente educativo innovador (experto MIE).

Jan-Martin Klinge nació en 1981 y trabaja en una escuela secundaria cerca de Siegen, Alemania, desde 2012. Es autor del blog del profesor "Halbtagsblog.de", donde ha escrito extensamente sobre el desarrollo de nuevos métodos de enseñanza. Además, Klinge escribe para otros tipos de medios y comparte sus experiencias docentes en conferencias. Por su dedicación, ha sido honrado varias veces como experto en educación innovadora de Microsoft (experto MIE).

© Jan-Martin Klinge & Samuel Cardeña
Revisado y editado por Alfredo Martínez Cruz, Ph.D.

Si se proporcionan direcciones de Internet en esta publicación, los autores las han examinado cuidadosamente. Como no tenemos influencia en el contenido o el diseño, no podemos garantizar que el contenido sea el mismo en el momento de la primera publicación. Por lo tanto, los autores no asumen ninguna responsabilidad por la actualización y el contenido de estas páginas de Internet o las vinculadas a ellas y excluyen cualquier responsabilidad.

www.halbtagsblog.de

Querido lector,

De todas las clases que se imparten en las escuelas, se sabe que la química y la física son las asignaturas que menos le gustan a los estudiantes, quizás por su naturaleza analítica y gran contenido matemático. Además, en el transcurso escolar, sus contenidos son los más rápidos en ser olvidados.

Hoy en día, vivimos en un mundo altamente tecnológico. Estamos sumamente familiarizados con el uso del internet, automóviles eléctricos y teléfonos celulares cada vez más eficientes y compactos. Sin embargo, estamos en la situación absurda de cada vez vivir más ajenos de la física que sustenta todos y cada unos de los instrumentos tecnológicos cotidianos; pensamos que la cosas "solo funcionan".

Los obstáculos de la comprensión ya son identificables en la escuela: en las lecciones, los equipos viejos se sacan de los armarios viejos para investigar fenómenos extraños que reciben nuevas definiciones. Muchos conceptos físicos son inicialmente abstractos y no trasmitimos su íntima relación con la vida cotidiana: "¿Qué es exactamente un campo eléctrico?", "¿Qué es lo que hace que un campo magnético sea magnético?", "¿Cuál es la diferencia entre masa y peso? ", "¿Qué es un momento de fuerza /torca?"

En contraste con las Matemáticas en Física, tenemos que ofrecer contenido mucho más abstracto y complejo en muy poco tiempo. Mientras que en Matemáticas tenemos unas pocas semanas para gastar en el cálculo de porcentajes, en Física tenemos aproximadamente la misma cantidad de tiempo para presentar a los estudiantes las leyes de movimiento de Newton, explicar el apalancamiento e investigar experimentalmente la polea. También, podemos tener el caso, si tiene mala suerte, el que todo esto suceda el martes por la tarde durante el último período. Consecuentemente, deja poco tiempo para proyectos o actividades que son divertidas o motivadoras.

La incorporación de escenas de películas en la lección de estudio vincula el mundo del estudiante con el mundo de la física. Ya sea que Spiderman se arroje del techo o que una canica salga de la mesa, se aplican los mismos principios físicos. La conservación del momento se puede encontrar en el péndulo de Newton, así como en las películas de acción de Arnold Schwarzenegger cuando dispara salvajemente todo lo que está a la vista.

En la medida de lo posible, en las siguientes páginas me gustaría evitar la derivación pedagógica y didáctica y ofrecerte un excelente recurso que enganche a tus estudiantes con el concepto físico que es necesario cubrir en el plan de estudios.

Como profesor, habrás estudiado y acumulado experiencia lo suficiente como para saber cuándo una escena de película será o no razonable o útil. Si no eres profesor, esta situación no será un tema que te ocupe. Como físico, tampoco necesitarás la derivación de la fórmula para un péndulo simple. Tales cosas se encuentran mejor dentro de la literatura técnica apropiada. A los no físicos les recomiendo leer los libros de Metin Tolan o "The Physics of Superheros" de James Kakalios. En estos, los autores evitan usar las Matemáticas (en la medida de lo posible).

Este libro está destinado a centrarse en ejemplos concretos de lecciones. En mi imaginación, eres un profesor en la escuela secundaria o en la universidad buscando ideas prácticas para transmitir temas dentro de la física de una manera interesante. Por lo tanto, los siguientes ejemplos se reducen a la enseñanza esencial. No se trata de calcular el mundo, sino de vincular la física educativa con las secuencias de películas para que sea más accesible para los jóvenes.

Para cada tarea hemos delineado un enfoque breve: también estoy seguro que para cada tarea hay un enfoque mejor y más preciso, y lo invito a descartar mi solución y encontrar una que funcione mejor para su lección. En el caso de que desee considerar una pregunta usted mismo, los cálculos nunca estarán en la misma página que la solución. Alerta de spoiler.

Se supone que los ejemplos son clásicos. Si los hojeas y tiene en mente las diferentes tareas asignadas, notará más y más extractos de películas que podrían usarse en las lecciones de física. Este libro está destinado a aumentar tu conciencia y darte ideas.

Ahora esperamos que disfrutes leyendo este libro.

Octubre 2019   Samuel Cardeña & Jan-Martin Klinge

Índice temático

SPIDER-MAN 3

Palabras clave: Mecánica, Caída Libre, Esfuerzo de Freno, Velocidad y Fuerza
Tiempo extraído de la película : 01:44:30 – 01:48:40
Tráiler de la película: https://www.youtube.com/watch?v=IK2IOPm9FaU

Contenido

En la tercera película de *Spiderman* publicada en 2007, el héroe, interpretado por Tobey Maguire, lucha contra su némesis "Venom" entre rascacielos. Ambos se aferran a la pared de un edificio, pero cuando se derrumba, Spiderman cae unos 80 metros antes de sujetarse con su propia telaraña y continuar su lucha con Venom. En la película, se puede ver que la distancia de freno es de unos 20 metros.

Tarea

1) ¿Cuánto tiempo le toma la caída de 80 metros?

2) ¿Cuál es la velocidad de Spiderman al final de la caída?

3) Calcule el esfuerzo de freno al que está expuesto el brazo de Spiderman.

4) A partir del horrible castigo medieval del acuartelamiento, podemos estimar que un brazo se arrancará ante una tensión física de alrededor de 3000 Newton. ¿Podrá Spiderman soportar esta tensión?

SOLUCIÓN

1. A partir de $s = \frac{1}{2} \cdot a \cdot t^2$ despejamos $t = \sqrt{\frac{2 \cdot s}{a}} = \sqrt{\frac{160\,m}{9.81\,m/s^2}} = 4\,s$

2. Se tiene que $v = a \cdot t = 9.81\frac{m}{s^2} \cdot 4\,s = 39.6\frac{m}{s} = 142.6\frac{km}{h}$

3. El esfuerzo de freno tiene que equilibrar la totalidad de la energía cinética. La energía cinética (estimando la masa de Spiderman en 70 kg) equivale a :

$$E_c = \frac{1}{2} \cdot m \cdot v^2 = \frac{1}{2} \cdot 70\,kg \cdot \left(39.6\frac{m}{s}\right)^2 = 54,885.6\,J$$

El esfuerzo de freno $W_{freno} = F \cdot s$ es tan grande como la energía cinética. Resolviendo para F se tiene que:

$$F = \frac{W_{freno}}{s} = \frac{E_c}{s} = \frac{54,885.6\,J}{20\,m} = 2744.3\,N$$

Por lo tanto, el brazo de Spiderman está expuesto a una fuerza de 2744 N que equivale a un peso generado por una masa cercana a los 300 kg.

4. El brazo no se arrancaría (todavía), pero seguramente saldría de su lugar, lo que definitivamente sería muy doloroso. En cualquier caso, Spiderman debería usar ambos brazos.

SKULL ISLAND

Palabras clave: Volumen, Peso, Masa, Factor de Escala
Tiempo extraído de la película : ver Tráiler
Tráiler de la película: https://www.youtube.com/watch?v=8wP_3OO3Res

Contenido

King Kong es uno de los primeros monstruos creados para el cine no adaptados de la literatura. El original fue producido en 1933 y, en 2017 se publicó una nueva versión espectacular. El mismo tráiler plantea una serie de preguntas interesantes.

Tareas

1) Aproximadamente, ¿qué altura tiene Kong en el tráiler?

2) En la realidad, los gorilas poseen una altura aproximada de 1.5 m y pueden llegar a tener una masa de hasta 200 kg. Entonces, ¿a qué factor de escala han cambiado su longitud, ancho y profundidad?

3) Da la masa de King Kong. ¿A qué factor de escala ha cambiado?

4) Un cuerpo es soportado por su esqueleto. La cantidad de peso que un hueso puede soportar también depende de su sección transversal. Un hueso del muslo humano tiene un diámetro de unos 5 cm y puede soportar una tensión de hasta 15000 N. ¿En qué factor cambia la sección transversal de los huesos de King Kong en relación con un gorila normal?

5) Compara los resultados 3) y 4). ¿Qué significa esto para King Kong en la realidad?

SOLUCIÓN

1) La altura del simio se puede estimar aproximadamente en la escena en la que atraviesa el agua: Kong se eleva unos 25 metros sobre la superficie.

2) El factor de escala es $\frac{25m}{1.5m} = 16.7$

3) El peso cambia (de forma análoga al volumen) con la tercera potencia

   $\frac{x}{200\ kg} = 16.7^3$, al resolver para x resulta una masa aproximada de 926 toneladas

4) La sección transversal del muslo crece en forma cuadrática, puesto que los humanos y gorilas son más o menos similares, la sección transversal del muslo de Kong mide 16.7^2 veces la de un gorila normal. Análogamente, el muslo podría soportar una tensión de alrededor de $4 \cdot 10^6\ N$, los cuales equivalen a 400 toneladas aproximadamente.

5) Los muslos de Kong no son capaces de soportar el peso de su cuerpo.

Adicional: Podría añadir otro cálculo: *¿Cuál sería el tamaño máximo que King Kong podría alcanzar de tal manera que sus muslos lo puedan soportar?*

GOTHAM

Palabras clave: Fuerza, Paralelogramo de Fuerzas
Tiempo extraído de la película : ver Tráiler
Tráiler de la película: https://www.youtube.com/watch?v=SgMEyWN_BXY

Contenido

La serie de televisión *Gotham* (2016) muestra la juventud del multimillonario Bruce Wayne, que más tarde va a la cacería de delincuentes como el superhéroe "Batman". En un episodio de la temporada tres, él y su cómplice Selina Kyle se ven obligados a cruzar una habitación asegurada con rayos láser. Para hacer esto, Wayne dispara una cuerda a través de la habitación y tira del otro extremo, mientras Kyle se balancea sobre la cuerda tensa.

Tareas

1) De acuerdo con la escena descrita anteriormente, calcule la fuerza gravitacional de Kyle y el ángulo al que se extiende la cuerda debido a su peso.

2) Resuelve gráficamente: ¿Con qué fuerza F tiene que tirar Wayne para mantener a Kyle de esta manera?

3) Resuelve gráficamente y compara: ¿Qué fuerza F tiene que ejercer Wayne?

4) Evaluar: ¿Este tipo de situación es realista?

5) ¿Qué ángulo resulta si Bruce Wayne puede tirar con una fuerza F = 600 N?

SOLUCIÓN

1) Kyle debe pesar alrededor de 50 kg, lo que equivale aproximadamente a 500 Newton. La cuerda se extiende en un ángulo de alrededor de 170°.

2)   Solución gráfica

    Bosquejo de paralelogramo de fuerzas:

3)   Solución matemática mediante trigonometría:

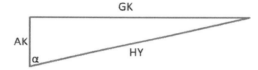

Se tiene : $\alpha = \frac{170}{2} = 85°$, lo que permite escribir: $\cos(\alpha) = \frac{AK}{HY}$

Por lo tanto : $HY = \frac{AK}{\cos(\alpha)} = \frac{250}{\cos(85°)} = 2868 \, N$, el cual corresponde a una masa de 186 kg.

4) Bruce nunca sería capaz de reunir este tipo de fuerza al momento de levantarse.

5) Nuevamente, con la ayuda de trigonometría se tiene: $\cos(\alpha) = \frac{AK}{HY} = \frac{250}{600} = \frac{5}{12}$. De esto se deduce que, hay un ángulo de apertura de $2 \cdot 65° = 130°$.

STAR WARS
EL DESPERTAR DE LA FUERZA

Palabras clave: Luz, Masa, Física Cuántica
Tiempo extraído de la película : ver Youtube-Link: 1:04 min
Tráiler de la película: https://www.youtube.com/watch?v=5eKLdSDGh9k

Contenido

En la popular historia de ciencia ficción "Star Wars", ejércitos imperiales y rebeldes luchan por la dominación de una galaxia lejana. Esta serie de películas incluye batallas épicas en el espacio, así como en planetas. Junto a los famosos sables de luz, los personajes también usan los llamados "blasters", cañones / pistolas que disparan rayos láser. Una escena de la película muestra una serie de naves espaciales que atacan a las tropas imperiales, donde los soldados son alcanzados por estos rayos y son arrojados hacia atrás.

Tarea

1) En el extracto se puede ver cómo las tropas de asalto están siendo golpeadas por rayos láser rojos y espectacularmente expulsadas por su fuerza. Haga suposiciones apropiadas y calcule la masa del proyectil de luz para la conservación del impulso.

2) Calcule la masa de un fotón rojo y, además, determine el número de partículas de luz por disparo de la tarea 1). (Ignore la contradicción dada por la mecánica cuántica; los fotones vuelan con la velocidad de la luz, lo cual no es cierto en esta escena).

3) Determine la potencia del arma láser en watts, utilizando el número de fotones por disparo (duración de un disparo t = 0.1 s) y compare el resultado con la planta de energía más poderosa del mundo hasta la fecha (investigación en Internet).

4) En *Star Wars*, las tropas imperiales generalmente usan luz roja en sus armas, los rebeldes usan azul. ¿Qué opción es más inteligente? ¡Justificar!

SOLUCIÓN

1) Conservación de momento : $m_1 \cdot v_1 = m_2 \cdot v_2$

   Suposición: $m_{Soldado} = 90\ kg$; $v_{Soldado} = 30\frac{km}{h}$, $v_{Proyectil} = 200\frac{km}{h}$

   Lo que implica que: $m_2 = \frac{m_1 \cdot v_1}{v_2} = 13.5\ kg$

   El proyectil brillante (luz láser) tiene una masa de 13.5 kg

2) La masa del protón se puede calcular como: $E = m \cdot c^2 = \hbar \cdot f$

   $m = \frac{\hbar \cdot f}{c^2} = 8.86 \cdot 10^{-28}\ kg$ (luz roja) o $1.44 \cdot 10^{-27}\ kg$ (luz azul)

   Lo que implica que: $1.5 \cdot 10^{28}$ fotones rojos o $9 \cdot 10^{27}$ fotones azules por disparo.

   Relación de 1 : 1.7.

   Resumen: los fotones no pueden viajar a una velocidad de 200 kph (ver arriba), no poseen masa de reposo. Sin embargo, evidentemente los fotones de *Star Wars* son capaces de hacer esto.

3) El número de fotones por disparo se puede calcular utilizando el cociente de los fotones de potencia y energía, entonces $\frac{N_{fotones}}{t} = \frac{P}{E} = \frac{P}{\hbar \cdot f}$.

   $P = \frac{N_{fotones}}{t} \cdot E = \frac{N_{fotones}}{t} \cdot \hbar \cdot f = 37768200000\ W = 37\ GW$ (rojo) o $22\ GW$ (azul).

   Las plantas atómicas más poderosas de la Tierra alcanzan una potencia de 1.5 GW. El láser más potente del mundo alcanzó la potencia de 2 millones de GW por mil millonésima de segundo en 2015.

4) Claramente, es más sensato usar armas de láser azul, ya que la energía necesaria es menor en comparación a las armas rojas.

DURO DE MATAR

(DIE HARD)

Palabras clave: Caída libre, Velocidad, Energía Potencial, Esfuerzo de Freno
Tiempo extraído de la película : 00:47:00 – 00:48:20
Tráiler de la peícula: https://www.youtube.com/watch?v=h9LeLqd1f68

Contenido

En la película de acción "Duro de Matar" de 1988, el policía John McClane lucha contra un grupo de secuestradores en un rascacielos cerrado.

En esta escena, McClane intenta escapar de dos de los secuestradores escondiéndose en el hueco de un ascensor. Lo hace bajándose con ayuda de la correa de su ametralladora. La correa se rompe y McClane cae en las profundidades. Después de unos 13 metros de caída libre, se las arregla para aferrarse a una repisa y salvarse.

Tareas

1) ¿Cuál es la velocidad de John después de caer 13 metros?

2) ¿Qué tan grande es la fuerza que impacta los dedos de John?

3) ¿Cómo puede uno imaginar esta fuerza? ¿Es la escena realista?

SOLUCIÓN

1) Se sabe que : $s = \frac{1}{2} \cdot a \cdot t^2 \iff t = \sqrt{\frac{2 \cdot s}{a}} = 1.63\, s$ y $v = a \cdot t = 15.97\, \frac{m}{s} = 57.5\, \frac{km}{h}$.

2) Si John McClane tendría que sujetarse a la repisa con la punta de sus dedos, sus dedos tendrían que realizar un "esfuerzo de freno". La distancia de freno que deben realizar sus dedos no puede ser superior a 1 cm. y la energía potencial será $E_p = m \cdot g \cdot h$ la cual se transforma en energía de freno $E = F \cdot s$, bajo la suposición de que McClane tiene una masa alrededor de 80 kg, se tiene:

$$m \cdot g \cdot h = F \cdot s \iff F = \frac{m \cdot g \cdot h}{s} = 1{,}020{,}240\, N$$

3) Una fuerza de freno de aproximadamente 1 millón de Newtons corresponde al peso de una masa de aproximadamente 100 toneladas. Esto significa que John McClane tendría que ser capaz de levantar un avión de pasajeros con solo la punta de sus dedos. Esto es obviamente imposible.

MI POBRE ANGELITO (HOME ALONE)

Palabras clave: Caída Libre, Aceleración, Gravitación.
Tiempo extraído de la película : 00:40:00-00:56:00
Tráiler de la película: https://www.youtube.com/watch?v=ddXUQu9RC4U

Contenido

La película 'Mi Pobre Angelito' (Home Alone en inglés) de 1990 es sobre Kevin, de 8 años, que vive con sus padres y cuatro hermanos en un suburbio de Chicago. Por un gran descuido de sus pares se queda solo en casa en Navidad y él tiene que defender la casa contra dos ladrones. Se dice que esta película, así como su secuela 'Mi Pobre Angelito 2' (Home Alone in New York, 1992), son los mayores éxitos del actor Macaulay Culkin, que no ha podido seguir desde entonces. La escena propuesta muestra al ladrón Marvin, entrando a hurtadillas en la casa a través de la bodega. En el centro de la habitación, presiona un interruptor de cable antiguo para encender las luces. En lugar de la luz, es golpeado por una plancha eléctrica que cae a través del conducto de lavado. En la película, la plancha cae durante unos 3.5 segundos.

Tareas

1) Mire atentamente el extracto de la película y mida el tiempo que tarda la plancha en caer sobre la cabeza de Marvin. Calcula la altura de la casa usando el tiempo medido. ¿Esto parece realista?

2) Desde una escena anterior se puede estimar que la casa, desde el sótano hasta el ático, tiene unos 13 metros de altura. Calcule el tiempo real que tomaría a la plancha para caer desde la parte superior.

3) ¿Qué altura tendría la casa en la Luna / Júpiter, si el tiempo de caída en la película fuera correcto? ($a_{luna} = 1.6\frac{m}{s^2}$, $a_{Júpiter} = 23\frac{m}{s^2}$)

4) Calcule el tiempo de caída realista utilizando una altura de casa determinada (13 m) en la luna y en Júpiter.

5) ¿En qué cuerpo celeste se puede verificar lo que ocurre en la película?

SOLUCIÓN

Se tiene que: $s = \frac{1}{2} \cdot a \cdot t^2$, o bien $t = \sqrt{\frac{2 \cdot s}{a}}$.

1) $t_{medido} = 3.5\ s \rightarrow s = 60\ m$

2) $t_{real} = \sqrt{\frac{2 \cdot (13\ m)}{9.81\ \frac{m}{s^2}}} = 1.62\ s$

3) $s_{Luna} = 9.8\ m \quad s_{Júpiter} = 140\ m$

4) $t_{Luna} = 4\ s \qquad t_{Júpiter} = 1.06\ s$

5) Lo que ocurre en la escena de la película concuerda si estuviese en la Luna.

STAR TREK
LA NUEVA GENERACIÓN

Palabras clave: Principio de Incertidumbre de Heisenberg, Física Cuántica, Transportador
Tiempo extraído de la película : Star Trek TGN, 6x02, 17:00 – 17:50
Antecedentes: https://www.youtube.com/watch?v=sysxnM279X0

Contenido

La serie de televisión "Star Trek – La Nueva Generación" (1987-1994) narra las aventuras de una tripulación a bordo de una nave espacial. Con el fin de ahorrar dinero mientras se filma, se introdujo la teletransportación ("transmisión") para llevar a los personajes de un lugar a otro. De esta manera, no era necesario que los transbordadores tuvieran que aterrizar en planetas todo el tiempo.

La escena mencionada es del segundo episodio de la temporada 6 y habla del ingeniero nervioso Reginald Barclay, quien hace algunas observaciones inquietantes durante la transmisión. Su colega, el jefe O'Brien, se compromete a revisar a fondo el transportador, por lo que menciona una serie de componentes de los transportistas.

Tareas

1) En su discurso, O'Brien menciona los llamados 'Compensadores de Heisenberg'. Investigue en Internet y especule por qué estos compensadores se mencionaron en un guion de 1992. ¿Cuál podría ser su propósito?

2) En un trabajo teórico sobre física cuántica en el año 1993, un equipo de investigadores de Charles Bennett descubrió cómo evitar el principio de incertidumbre de Heisenberg. Lleve a cabo una segunda investigación en línea para encontrar información sobre la llamada 'paradoja de Einstein-Podolsky-Rosen', y explique por qué el 'Compensador de Heisenberg' ya no sería necesario en la actualidad.

SOLUCIÓN

1) El principio de incertidumbre de Heisenberg establece que es imposible determinar la ubicación y el momento de un átomo al mismo tiempo. Por lo tanto, no es posible descomponer una molécula de cuerpo por molécula y volver a armarla.

2) La paradoja de EPR describe los átomos "entrelazados". Esto significa que dos átomos se pueden vincular de manera que se comporten exactamente igual. De esta manera, en 1997, una partícula de luz fue "emitida" de un lugar a otro usando teletransportación cuántica.

VAN HELSING

Palabras clave: Paralelogramo de Fuerzas, Vampiros
Tiempo extraído de la película : mirar Tráiler
Tráiler de la película: https://www.youtube.com/watch?v=3fdRKme00ul

Contenido

En la película de misterio y terror "Van Helsing", el héroe del mismo nombre, interpretado por Hugh Jackman, está a la caza de vampiros y no muertos. Él es empleado por la iglesia católica para proteger la vida de una princesa y ayudarla a derrotar al Conde Drácula, quien está aterrorizando a su país. Tradicionalmente, los vampiros son asesinados por una estaca de madera a través del corazón.

Tarea

Usando la misma fuerza de un golpe de martillo: ¿Qué estaca sería más probable que penetrara la tapa de un ataúd? Copia el dibujo en tu libreta de notas y completa el paralelogramo de fuerzas.

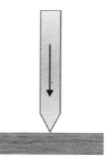 

SOLUCIÓN

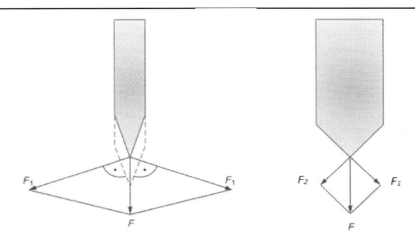

Las dos fuerzas laterales F_1 y F_2, que están perpendiculares a la superficie en forma de cuña, comprenden, de acuerdo con la ley de los paralelogramos, la fuerza total F.

Como puedes ver, con la fuerza F, ambas fuerzas resultantes F_1 y F_2 son mayores en la figura del lado izquierdo.

QUERIDA, ...

Palabras clave: Encogimiento, Volumen, Masa
Tiempo extraído de la película : ver Tráiler
Tráilerde la película: https://www.youtube.com/watch?v=cN19AazIWLk

Contenido

En la película clásica "Cariño, encogí a los niños" de 1989, el excéntrico científico Wayne Szalinski inventa una máquina con la que puede encoger objetos. Un día, accidentalmente, se encoge a sí mismo y a dos niños del vecindario. De momento, se encuentran en el jardín rodeado de hojas de hierba que parecen tener 10 metros de altura. Los niños tienen que superar una serie de aventuras y peligros para volver al laboratorio.

Tareas

1) ¿Cuál es el peso y altura de una niña promedio de 14 años? Hacer suposiciones apropiadas.

2) Una hormiga mide unos 3 mm de longitud y pesa unos 5 miligramos.

   Sobre esta base presentada en la escena, ¿qué tan alta y pesada será la niña después de haberse encogido?

3) ¿Con qué otros problemas biológicos, químicos y físicos realistas se enfrentarían los niños encogidos?

SOLUCIÓN

1) En promedio, una chica de 14 años de edad tiene una altura aproximada de 1.55 m/ 5'1'' y una masa de 50 kg/110 lbs.

2) La chica tendría una altura alrededor de 2mm. Esto corresponde a una proporción de reducción de 1:775. El peso está conectado con el volumen, el cual cambia a la tercera potencia. En consecuencia, la chica se deduciría por un factor de $4.6 \cdot 10^7$ y una masa cercana a 0.1 milligram.

3) Diferentes aspectos contradicen el encogimiento:

    - Las moléculas de aire serían muy grandes para que los niños puedan respirar.

    - Los niños no podrían ingerir ningún alimento o agua y, por lo tanto, morirían de deshidratación después de 3 días.

    - Una pequeña ráfaga de viento sería suficiente para acabar con ellos.

    - Estarían ciegos, porque el ojo no podría percibir nada.

KING KONG

Palabras clave: King Kong, Peso, Masa, Volumen, Magnificación
Tiempo extraído de la película : ver Tráiler
Tráiler de la película: https://www.youtube.com/watch?v=AYaTCPbYGdk

Contenido

King Kong fue el primer monstruo creado para el cine y no adaptado de la literatura. La versión original se produjo en 1933, en 2005 se publicó una reproducción, creado por el director de "El Señor de los Anillos", Peter Jackson. En la vida real, un gorila mide aproximadamente 1.5 m de altura; los gorilas machos pueden pesar hasta 200 kg.

Tareas

1) Estimando desde el tráiler, ¿qué tan alto es el gorila?

2) ¿A qué factor de proporción han cambiado la altura, el ancho y la profundidad?

3) De acuerdo con el factor de proporción, da el peso de King Kong. ¿A qué factor ha cambiado?

4) Un cuerpo se sostiene por su esqueleto. La cantidad de peso que puede soportar un hueso depende de la sección transversal del hueso. ¿En qué factor ha cambiado la sección transversal de los huesos de King Kong en relación con un gorila normal?

5) ¿Qué significa esto para King Kong en realidad?

SOLUCIÓN

1) Alrededor de 12 metros de altura.

2) $\frac{12}{1.5} = 8$. El factor de proporción es 8.

3) Para el volume se considera: largo · ancho · profundidad.
$$8^3 \cdot 200 \, kg = 512 \cdot 200 \, kg = 102{,}400 \, kg$$

4) Superficie = largo · ancho → $8 \cdot 8 = 64$

5) El no podría estar de pie.

MATRIX RECARGADO

Palabras clave: Matrix, Aceleración, Energía, Movimiento Perpetuo
Tiempo extraído de la película : 00:10:25 – 00:10:52
Tráiler de la película: https://www.youtube.com/watch?v=dvauYuYX4Jc

Contenido

En la película de ciencia ficción "Matrix", casi todos los humanos han sido esclavizados por máquinas inteligentes y se mantienen inactivos en instalaciones gigantes de crianza y almacenamiento. Están conectados a una simulación por computadora altamente compleja, la "Matrix". Dado que el sol ya no puede penetrar en la atmósfera, las máquinas están utilizando el calor del cuerpo humano como fuente de energía. El "Elegido" Neo es parte de un grupo de rebeldes y se da cuenta de que la vida no es solo la simulación, sino que también tiene el mando sobre la Matrix y puede cambiarla. En un instante, es capaz de saltar por encima de un edificio de 40 pisos.

Tareas

1) Menciona las razones físicas del por qué los cuerpos humanos no puden usarse como fuentes de energía. Escribe un diagrama de flujo de energía para este propósito. (Energía de ... a ... hacia)

2) ¿Qué aceleración alcanza Neo al saltar sobre el edificio antes mencionado?

3) ¿Cuántos múltiplos de la aceleración de la gravedad corresponde el resultado en 2)?

SOLUCIÓN

1) La película *Matrix* da un ejemplo para un movimiento perpetuo. Los humanos no pueden alimentarse de ellos mismos. Además, la energía no solo se pierde allí, sino que las máquinas también consumen energía.

   Diagrama de flujo de energía:

   Energía del sol → Fotosíntesis →Energía almacenada como azúcar dentro de las plantas → los animales comen de las plantas → cadena alimenticia...

2) $s = 100m; t = 1\,s$

$$s = \frac{1}{2}at^2 \rightarrow a = 200\frac{m}{s^2}$$

3) Esto es 20 veces la aceleración de la gravedad.

SUPERMAN

Palabras clave: Superman, Aceleración, Velocidad

Contenido

En 1938 se publicó el primer cómic con el superhéroe Superman. Al principio, Superman no podía volar, pero podía saltar increíblemente alto: un salto y alcanzaba la altura de un edificio de 20 pisos.

Tareas

1) La altura del salto está directamente vinculada a la velocidad de despegue. Derive la fórmula para esto: $v^2 = 2 \cdot g \cdot h$

2) ¿Cómo cambia la altura, si la velocidad se duplica? ¿Cómo se llama esta correlación?

3) ¿Qué velocidad de despegue necesita Superman para aterrizar perfectamente en el edificio mencionado? Hacer suposiciones apropiadas.

4) Para alcanzar esta velocidad Superman necesita $^1/_{10}$ seg. Calcule la aceleración.

5) ¿Qué velocidad de despegue necesitas para saltar sobre una silla?

6) Para alcanzar esta velocidad se necesita ½ segundo. Calcule la aceleración.

SOLUCIÓN

1) $h = \dfrac{v^2}{2g}$

2) La altura crece cuadráticamente. Es una relación cuadrática.

3) Suposición: El edificio tiene unos 60 metros de altura. Por ende, se aplica:

$$v^2 = 2\,gh = 2 \cdot 9.81\,\frac{m}{s^2} \cdot 60\,m = 1{,}177.2\,\frac{m^2}{s^2}$$

$$v = 34.31\,\frac{m}{s} = 123.5\,\frac{km}{h}$$

4) $a = \dfrac{v}{t} = \dfrac{34.41\frac{m}{s}}{0.1s} = 343.1\,\dfrac{m}{s^2}$

5) Suposición: La silla tiene una altura aproximada de 50 cm.

$$v^2 = 2\,gh = 2 \cdot 9.81\,\frac{m}{s^2} \cdot 0.5\,m = 9.81\,\frac{m^2}{s^2}$$

$$v = 3.13\,\frac{m}{s}$$

6) $a = \dfrac{v}{t} = \dfrac{3.13\frac{m}{s}}{0.5s} = 6.23\,\dfrac{m}{s^2}$

GUERRA MUNDIAL Z

Palabras clave: Bolsa de aire, Aceleración, Fuerza, Automóvil
Tiempo extraído de la película : 00:07:11 - 00:08:05
Tráiler de la película: https://www.youtube.com/watch?v=JTMOW72fQRo

Contenido

Guerra Mundial Z es una película de acción estadounidense de 2013, que se centra en un mundo gobernado por los no-muertos. El comienzo de la película muestra el brote de una epidemia y un gran pánico. Gerry Lane (Brad Pitt) intenta escapar de la ciudad en su automóvil a una velocidad vertiginosa por las calles abarrotadas, hasta que se encuentra en una colisión en la parte trasera, lo que hace que la bolsa de aire del automóvil explote.

En el tráfico normal, las colisiones por la parte de atrás son bastante frecuentes, ya que los conductores a menudo usan sus teléfonos móviles mientras conducen. De este modo, la bolsa de aire explota y arroja el teléfono a la cara del conductor, lo que puede causar lesiones graves.

Tareas

Calcule la fuerza con la que un teléfono golpearía a un conductor en la cara cuando es acelerado por una bolsa de aire. Haz suposiciones sobre los diferentes valores y escríbelas cuidadosamente. Una bolsa de aire tarda aproximadamente una vigésima parte de segundo en inflarse completamente.

SOLUCIÓN

Se establece: $t = 0.05\ s;\ m = 0.2\ kg;\ s = 0.3\ m$

Se busca: F = ?

Cálculo: $F = m \cdot a$

Del reposo, $s = \frac{1}{2}at^2 \rightarrow a = \frac{2 \cdot s}{t^2}$

$$F = m \cdot \frac{2 \cdot s}{t^2} = 48\ N$$

Esto corresponde a una masa de aproximada de 5 kg la cual puede causar lesiones graves en la cara.

ROBIN HOOD

Palabras clave: Tiro Oblicuo, Velocidad
Tiempo extraído de la película : 00:41:00 – 00:41:40 (Versión Disney)
YouTube: https://www.youtube.com/watch?v=L7RqCCjizgc

Contenido

Robin Hood es el héroe de muchas baladas medievales inglesas que, a lo largo de los siglos, se han transformado lentamente en las leyendas del héroe que hoy conocemos. Las fuentes de literatura más antiguas de mediados del siglo XV aún representan a Robin Hood como un peligroso hombre de la carretera de origen humilde, que preferiblemente robaba a clérigos codiciosos y aristócratas. Más tarde se le describe positivamente. Existen numerosas adaptaciones cinematográficas, que destacan especialmente las habilidades de tiro de Robin Hood, como la versión de 1973 de Disney.

Tareas

1) El alguacil de Nottingham dispara una flecha con $v_0 = 56.6\frac{m}{s}$ bajo un ángulo de 65° en la línea de meta a 250 m de distancia. Robin Hood dispara su flecha con una velocidad inicial $v_0 = 52\frac{m}{s}$ directamente hacia el objetivo. Ambos disparan al mismo tiempo. ¿Es posible que la flecha de Robin Hood alcance el objetivo antes que la flecha del alguacil? Justifique utilizando el componente de velocidad en la dirección de x.

2) La flecha de Robin puede pasar la línea de meta en el aire, pero definitivamente tiene que alcanzarla. Utilizando la misma velocidad inicial que en 1), ¿qué ángulo puede elegir, como máximo, para que su flecha aún alcance la línea objetivo primero?

SOLUCIÓN

1) Se tiene: $t_{Robin} = \frac{s}{v} = \frac{250m}{52\frac{m}{s}} = 4.8\ s$

   Por esta razón, la flecha de Robin tarda 4.8 segundos en dar en el blanco.

   Para la flecha del alguacil, tenemos que dividirnos en los componentes x e y donde corresponda:

   $v_x = v_0 \cdot \cos(\alpha)$ y $v_y = v_0 \cdot \text{sen}(\alpha) - g \cdot t$

   Esto conduce a: $v_x = 56.6\frac{m}{s} \cdot \cos(65°) = 23.9\frac{m}{s}$ y equivale a un tiempo de vuelo de 10.4 segundos para la flecha del alguacil.

2) Se requiere un tiempo de vuelo de 10.4 segundos como máximo para la flecha de Robin, para vencer al alguacil. Por consiguiente, sigue una velocidad mínima de $v_R = \frac{s}{t} = \frac{250m}{10.4s} = 24\frac{m}{s}$. Usando esto se puede calcular el ángulo de inclinación

$$\cos(\alpha) = \frac{v_x}{v_0} = \frac{24\frac{m}{s}}{52\frac{m}{s}} = 0.46,$$

   el cual se cumple para un ángulo de $\alpha = 62.5°$.

MISIÓN IMPOSIBLE 2

Palabras clave: Choque inelástico, Momento, Velocidad, Trabajo de Freno
Tiempo extraído de la película : 01:44:30 - 01:45:30
Extracto YouTube: https://www.youtube.com/watch?v=K2oKEqtQFyc (a partir 6:50)

Contenido

En la serie de películas de acción "Misión Imposible", Tom Cruise encarna a un agente secreto que al parecer permanece al mundo de la imaginación, debido a sus espectaculares acrobacias. Durante el enfrentamiento de *Misión Imposible 2*, hay una persecución desenfrenada y dos motocicletas chocan a propósito en una colisión frontal. Desde la escena, es evidente que se trata de una colisión completamente inelástica. Ambos pilotos sobreviven al choque y se "pegan" después del impacto.

Tareas

1) Calcule la velocidad resultante con la que chocan las dos motocicletas. Hacer suposiciones apropiadas.

2) Calcule la energía cinética que se produce durante la colisión. Hacer suposiciones apropiadas.

3) Suponga que la distancia de ruptura es de 20 centímetros. Calcule la fuerza que impacta a los dos hombres.

4) ¿Qué peso corresponde a esta fuerza?

SOLUCIÓN

1) Durante una colisión completamente inelástica, los dos cuerpos se "transforman" en uno, por lo que terminan con la misma velocidad v'. Para calcular v' se necesita la conservación del momento, según el cual la suma del momento antes y después de la colisión debe ser la misma:

$$m_1 \cdot v_1 + m_2 \cdot v_2 = (m_1 + m_2) \cdot v'$$

Despejando para v' resulta en:

$$v' = \frac{m_1 \cdot v_1 + m_2 \cdot v_2}{m_1 + m_2}$$

Una suposición apropiada podría ser *80 kg* de masa y *80 kph* por conductor. A partir de esto, se llega una velocidad de $v' = 80 \frac{km}{h}$.

2) $E_c = \frac{1}{2} \cdot m \cdot v^2 = 19{,}753 \, J$

3) Durante el proceso de freno, toda la energía cinética del cuerpo debe cancelarse mediante el uso de una fuerza. Esto se puede determinar usando $W = F \cdot s$.

$$F = \frac{W}{s} = \frac{19{,}753 \, J}{0.2 \, m} = 98{,}765 \, N$$

4) Esta fuerza, en la tierra, corresponde a un peso aproximado de 10 toneladas. Esta azaña sería letal en la vida real.

SPIDER-MAN 3

Palabras clave: Hombre Araña, Seda de Araña,Tracción, Fuerza
Tiempo extraído de la película : 01:44:30-1:46:00
Tráilerde la película: https://www.youtube.com/watch?v=8JbzpC8e9XA

Contenido

En *Spiderman 3*, Peter Parker lucha contra su enemigo Venom, el vínculo con su rival de fotografía Eddie Brock y un simbionte extraterrestre. Venom, en su traje negro, parece ser una versión más grande y fuerte de Spiderman. La tercera película de Spiderman fue la última con Tobey Maguire como personaje principal y fue la tercera película más cara de la historia en ese momento. El director Raimi esconde a una serie de amigos y familiares en la película, incluidos sus tres hijos.

Tareas

1) La seda de araña es extremadamente extensible. La resistencia a la tracción describe la fuerza por superficie en la que se rasga un tipo de material, esto se mide en Pascal ($Pa = \frac{N}{m^2}$). La resistencia a la tracción de la seda de araña es de aproximadamente 109 Pascal. ¿Es posible que un hilo de seda de araña con un diámetro de d = 1 mm sostenga a Spiderman? Hacer suposiciones apropiadas y justificar.

2) Durante la película, un coche de la policía es lanzado al aire y atrapado por una telaraña justo cuando está a punto de golpear a un grupo de civiles inocentes. ¿Sería esto posible? Hacer suposiciones apropiadas.

SOLUCIÓN

1) Un hilo de seda de araña con un diámetro de 1 milímetro, tiene una sección transversal de $A = \Pi \cdot r^2 = 0.79\ mm^2$. La seda de araña posee una resistencia a la tracción de aproximadamente 10^9 Newton por metro cuadrado. Usando la regla de tres, se puede encontrar que la seda de araña muestra una resistencia a la tracción de 1000 Newton por milímetro cuadrado o 790 Newton para $0.79\ mm^2$. Esto corresponde a unos 80 kg.

2) Para un automóvil con un peso de 1200 kg, sería suficiente usar una tela de araña compuesta por 15 hilos. Si Spiderman pudiera producir hilos del doble del grosor, solo 4 hilos serían suficientes para sostener el auto. Los hilos de seda de la araña que se muestran en la película son probablemente más gruesos, por lo que la escena es bastante realista.

JAMES BOND
CASINO ROYALE

Palabras clave: Caída Libre, Aceleración, Fuerza, Esfuerzo de Freno
Tiempo extraído de la película : 00:12:20 – 00:14:20
Tráiler de la película: https://www.youtube.com/watch?v=Y6-Jmc4tTk4

Contenido

James Bond, agente 007, es un agente secreto ideado por Ian Fleming, que trabaja para el servicio secreto británico MI6. Numerosas versiones de películas con actores principales cambiantes se han publicado desde 1962. En "Casino Royal" de 2006, Bond persigue al fabricante de bombas Mollaka. En una obra de construcción, el protagonista y el antagonista suben torres de grúas y andamios, corren a través de superficies estropeadas, suben cuerdas y luchan por encima de los brazos de las grúas. En un caso, Bond salta de una grúa a la siguiente y cae unos 5 metros antes de agarrarse con los brazos.

Tareas

1) ¿Cuán grande es la velocidad vertical de Bond cuando se sujeta a sí mismo?

2) ¿Qué fuerza afecta a los brazos de Bond si se estima una distancia de freno de aproximadamente 10 cm?

3) ¿A qué masa corresponde esta tensión?

SOLUCIÓN

1) Estamos hablando de un movimiento acelerado; por lo tanto, se aplica $v = a \cdot t$ con un tiempo de caída $\left(s = \frac{1}{2} \cdot a \cdot t^2 \right)$ $t = \sqrt{\frac{2 \cdot s}{a}}$, lo que conduce $v = a \cdot \sqrt{\frac{2 \cdot s}{a}} = 9.9 \frac{m}{s}$ o $35.6 \frac{km}{h}$.

2) Durante el proceso de freno, toda la energía cinética del cuerpo debe ser cancelada por una fuerza. Esto se puede calcular usando $W = F \cdot s$. Suponiendo que el peso del agente sea de aproximadamente 80 kg, se aplica que:

$$F = \frac{W}{s} = \frac{E_c}{s} = \frac{\frac{1}{2} \cdot m \cdot v^2}{s} = \frac{\frac{1}{2} \cdot 80 \, kg \cdot \left(9.9 \frac{m}{s} \right)^2}{0.10 \, m} = 39{,}204 \, N$$

3) Esto corresponde a un peso aproximado de 4 toneladas. Sería imposible sujetarse a sí mismo después de tal salto usando solo los brazos.

EL ELIMINADOR

(ERASER)

Palabras clave: Retroceso, Arma de Fuergo, Conservación de Momento, Fuerza, Velocidad de la Luz
Tiempo extraído de la película : 01:46:10 – 01:46:28
Tráiler de la película: https://www.youtube.com/watch?v=31_OEhX30sY

Contenido

En la película de ficción 'El Eliminador', Arnold Schwarzenegger lucha contra los traidores dentro del gobierno. En una de las escenas, él sostiene dos armas llamadas "Railguns" disparando a todo lo que lo rodea. Tales armas aceleran sus municiones a varios kilómetros por segundo. Bajo el supuesto de que las pistolas (inventadas) de Schwarzenegger aceleran 100 g de municiones pesadas a 3000 m/s, responda las siguientes preguntas.

Tareas

1) ¿Cuánta fuerza, por disparo, afecta los brazos de Arnold?

2) ¿Es posible disparar efectivamente esta arma?

3) Actio est reactio (acción es reacción). Usando la conservación del momento, determina la velocidad con la que Schwarzenegger y las armas se lanzan hacia atrás con cada disparo.

4) En la película, se dice que los proyectiles vuelan con "casi velocidad de luz". Comente.

SOLUCIÓN

1) La fuerza de reacción F_R corresponde a la fuerza por aceleración F_A, a la que están expuestos el proyectil y los gases ascendentes . La fuerza por aceleración es el producto de la masa m_G y aceleración del proyectil a:

$$F_R = F_A = m_G \cdot a$$

De manera idealizada, la aceleración del proyectil se puede calcular utilizando su velocidad de salida v_0 y la longitud del cañón del arma s.

$$a = \frac{v_0^2}{2 \cdot s}$$

Con una longitud de cañón estimada de 60 cm, implica una fuerza de $F_R = m_G \cdot \frac{v_0^2}{2 \cdot s} = 750{,}000\ N$ la cual equivale aproximadamente a $76{,}000\ tons$.

2) No. No es posible disparar esta arma.

3) La conservación del momento establece que Schwarzenegger, junto con su arma, experimenta el mismo impulso negativo que los proyectiles, por lo que

$$m_1 \cdot v_1 = m_2 \cdot v_2$$

Bajo la condición de que Schwarzenegger más su arma pesara alrededor de 130 kg, despejando para v_2 se tiene:

$$v_2 = \frac{m_1 \cdot v_1}{m_2} = \frac{0.1\ kg \cdot 3000\frac{m}{s}}{130\ kg} = 2.3\frac{m}{s} = 8.3\frac{km}{h}$$

Teniendo en cuenta la gran cantidad de disparos realizados, es poco probable que esté disparando de esta manera.

4) La velocidad del proyectil, de acuerdo con nuestras suposiciones es $3000\frac{m}{s}$. Sin embargo, la velocidad de la luz es $300{,}000{,}000\frac{m}{s}$, y, por ende, más grande por un factor de 10^5. Incluso, con la absurda velocidad basada en nuestras suposiciones, sería imposible sostener el arma; aumentar la velocidad aún más, sería absolutamente imposible.

La física de Hollywood

SPIDER-MAN 3

Palabras clave: Mecánica, Caída Libre, Hombre Araña, Esfuerzo de Freno
Tiempo extraído de la película : 01:46:10 – 01:46:28
Tráiler de la película: https://www.youtube.com/watch?v=IK2IOPm9FaU

Contenido

En la serie cómica "Spider-Man", el joven Peter Parker desarrolla habilidades sobrehumanas luego de haber sido mordido por una araña radioactiva. Vestido con un traje rojo, lucha como "Hombre Araña" por los débiles. En la tercera y última película de Spiderman con el actor principal Tobey Maguire desde 2007, la novia de Peter Parker, Mary Jane, cae durante unos 19 segundos durante el final de la película, hasta que el héroe logra salvarla en el último segundo.

Tareas

1) ¿Qué velocidad alcanzan Parker y Mary Jane al final de la caída?

2) Por la horrible práctica de castigo medieval de descuartizar, sabemos que un brazo puede soportar una tensión de aproximadamente 3,000 Newton antes de que se desprenda. ¿Puede Spiderman soportar la tensión, si estimamos que la distancia de freno comenzará en 20 metros?

3) ¿Cuán grueso debe ser el hilo de seda de araña como mínimo para soportar a Parker y Mary Jane?

4) Realice la terea sin tener en cuenta el tiempo, y suponiendo que Spiderman está cayendo 80 metros.

Pista: Se sabe que un hilo de seda de araña tiene una resistencia aproximadamente 1 Gigapascal o 10^9 Newtons por metro cuadrado.

SOLUCIÓN

1) Mary Jane cae por unos 19 segundos. Sin tener en cuenta la resistencia del aire, esto resulta en :

$$a = \frac{\Delta v}{t} \Leftrightarrow \Delta v = a \cdot t = 9.81 \frac{m}{s^2} \cdot 19 \, s = 186.39 \frac{m}{s} \sim 671 \frac{km}{h}$$

2) El "esfuerzo de freno" logrado tiene que cancelar la energía cinética total. La energía cinética (en una masa estimada de 130 kg para Spiderman y Mary Jane) equivale a:

$$E_c = \frac{1}{2} \cdot m \cdot v^2 = \frac{1}{2} \cdot 130 \, kg \cdot \left(186.39 \frac{m}{s}\right)^2 = 2,258,180 \, J$$

El esfuerzo de freno $W_{freno} = F \cdot s$ es exactamente tan grande como la energía cinética. Despejando para F se tiene: $= \frac{W_{freno}}{s} = \frac{E_c}{s} = 110 \, kN$

Por lo tanto, se aplica una fuerza de $110,000 \, N$ al brazo de Spiderman, lo que significa que él y Mary Jane seguirán cayendo aceleradamente, mientras que solo su brazo sangriento permanecería colgando del hilo de araña.

3) El hilo de araña tendría que ser $\frac{110,000 \, N}{1,000,000,000 \frac{N}{m^2}} = 0.00011 \, m^2$ de grosor.

Suponiendo que el hilo es circular, se aplicaría: $\pi \cdot r^2 = 0.00011 \, m^2$, de lo que se deduce que el hilo debería tener un radio de 0.59 cm.

4) Suponiendo que Mary Jane "solamente" bajara unos 80 metros, se aplicaría que:

$$v = \sqrt{2 \cdot g \cdot s} = 40 \frac{m}{s} \sim 140 \frac{km}{h}.$$

Lo que implicaría: $E_c = \frac{1}{2} \cdot m \cdot v^2 = 102 \, kN$ - en comparación con el esfuerzo de freno, resultaría una fuerza de $5,100 \, N$. Aquí también su brazo sería historia.

DURO DE MATAR 4.0 (DIE HARD 4.0)

Palabras clave: Retroceso, Arma de Fuego, Conservación del Momento, Fuerza
Tiempo extraído de la película : 01:59:20 – 2:00:10
Tráiler de la película: https://www.youtube.com/watch?v=8Jz-8UcCiws

Contenido

En *Duro de Matar 4.0*, Bruce Willis, una vez más, entra en el papel de salvador del mundo. En un gran edificio de almacenamiento, tiene lugar un enfrentamiento entre el bien y el mal. Uno de los chicos malos dispara su arma precisamente hacia el héroe que se esconde detrás del cañón, sosteniendo el arma en su mano extendida y perfectamente inmóvil. A pesar del retroceso su mano no se mueve.

Tarea

¿Es posible disparar un arma con una sola mano, sin que el brazo se mueva notablemente debido al retroceso? Hacer suposiciones apropiadas.

Masa del proyectil: 7.5 g

Velocidad inicial: 350 *m/s*

Longitud del cañón :   12 cm

SOLUCIÓN

La reacción F_R corresponde a la aceleración de la fuerza F_A, el cual el proyectil también está expuesto. La aceleración de la fuerza es producto de la masa y aceleración del proyectil m_G:

$$F_R = F_A = m_G \cdot a$$

Idealizado, la aceleración del proyectil se puede calcular utilizando la velocidad de salida v_0 del proyectil y la longitud del cañón del arma:

$$a = \frac{v_0^2}{2 \cdot s}$$

Con una longitud de cañón de 12 cm, resulta en una fuerza de $F_R = m_G \cdot \frac{v_0^2}{2 \cdot s} = 3828 \, N$, lo que equivale a una masa de unos 390 kilogramos.

En Youtube puede encontrar una variedad de compilaciones de vídeos de retroceso (ver código QR). Ilustran muy claramente que el cálculo físico (a pesar de la simplificación y el desprecio de un amortiguador de retroceso) está más cerca de la realidad aquí que las escenas que se muestran en la película.

TERMINATOR 2

Palabras clave: Motocicleta, Salto, Rotación (Movimiento), Velocidad Angular, Caída Libre
Tiempo extraído de la película : ver link YouTube
Tráiler de la película: https://www.youtube.com/watch?v=o_TNfLpc91M

Contenido

Arnold Schwarzenegger persigue al malvado "Terminator" en una motocicleta. De este modo, Schwarzenegger conduce directamente hacia un borde de concreto, que separa el canal inferior en dos direcciones diferentes. Sin disminuir la velocidad, Arnold salta en su motocicleta hacia el lecho del canal, que se encuentra a unos 5 metros más abajo. Después del aterrizaje, la persecución se reanuda de inmediato. De la escena de la película queda claro que la motocicleta del T-800 no maneja sobre una rampa ni nada por el estilo, cuando se sale del borde del concreto. La rueda delantera deja el borde antes que la rueda trasera. Si la motocicleta siguiera las reglas físicas de la caída libre, se inclinaría hacia adelante y no como se muestra en la escena.

Al observar la escena, podemos estimar que la velocidad de la motocicleta es de unos $60\ km/h$ y la caída de unos 6 m. Se supone que la distancia entre ejes es de 1.7 metros.

Tareas

1) La rueda delantera deja el borde de concreto al tiempo t_0. Calcule el tiempo t_1 en el que la rueda trasera deja el borde.

2) Durante este tiempo la motocicleta ya ha bajado. ¿Cuántos metros a 'caído'?

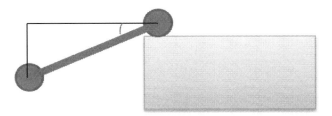

3) ¿Qué ángulo corresponde ahora a la posición inclinada de la moto? (Hacer bosquejo)

4) ¿Qué velocidad angular ω corresponde con la rotación de la motocicleta?
Para simplificar, asumiremos que la velocidad angular ω se mantiene constante en todo el tiempo.

5) ¿Después de que tiempo t_{total} la rueda delantera golpea el suelo?

6) ¿Qué ángulo tiene la motocicleta ahora?

SOLUCIÓN

1) Para un movimiento constante se aplica $t_1 = \frac{s}{v} = \frac{1.7m}{16.7\frac{m}{s}} = 0.1\ s$.

2) La rueda delantera experimenta un movimiento de aceleración hacia abajo, que es independiente del movimiento en la dirección de x:

$$s = \frac{1}{2} \cdot a \cdot t^2 = \frac{1}{2} \cdot 9.81\ \frac{m}{s^2} \cdot (0.1\ s)^2 = 0.05\ m$$

La rueda delantera ha bajado 5 cm.

3) Usando trigonometría: $\sin(\alpha) = \frac{OP}{HIP} = \frac{0.05}{1.7} = 0.03$ que resulta en un ángulo de 1.7°.

4) Por lo tanto, la velocidad angular es 17°/s

5) La rueda delantera lleva exactamente $t = \sqrt{\frac{2 \cdot s}{a}} = \sqrt{\frac{12\ m}{9.81\frac{m}{s^2}}} = 1.1s$ para caer los 5 metros.

6) Después de un segundo, la motocicleta muestra un ángulo de inclinación de 17.2 °. Definitivamente no golpearía el suelo con ambas ruedas al mismo tiempo. La escena es desde un punto de vista físico, incorrecta.

DÍA DE LA INDEPENDENCIA

Palabras clave: Volumen, Gravedad, Masa
Tiempo extraído de la película : ver link de YouTube
Tráiler de la película: https://www.youtube.com/watch?v=Qf5c55GFFx4

Contenido

En la película apocalíptica del *Día de la Independencia*, los alienígenas atacan la tierra. Durante la película, a los espectadores se les dice que (aproximadamente) la nave nodriza semiesférica tiene un diámetro de unos 550 km y posee una masa tan grande como ¼ de la luna. A lo largo de la película, naves espaciales más pequeñas en forma de disco atacan ciudades, cada nave tiene un diámetro de 24 km.

Tareas

1) Encuentra el volumen y la densidad media de la nave nodriza.

2) Investigación: ¿Cuál es la densidad de Urano? ¡Presta atención a las unidades! ¿Qué puedes deducir de esto?

3) Encuentra la masa de las naves espaciales atacantes. Hacer suposiciones apropiadas.

4) Con un radio de 6,300 km, la Tierra tiene una masa de $6 \cdot 10^{24}$ kg. Calcula la fuerza con la que la Tierra y la nave nodriza se atraen.

5) La Luna tiene una masa de $7 \cdot 10^{22}$ kg y se encuentra a 384000 km de distancia. Calcule la fuerza de atracción entre la Tierra y la Luna.

6) Compare 4) y 5). ¿Qué significa esto para la gente de Nueva York?

SOLUCIÓN

1) Se tiene que $r = 275,000$ m y $m = \frac{1}{4} \cdot 7 \cdot 10^{22}$ kg

$$V_{esfera} = \frac{4}{3} \cdot \pi \cdot r^3 \quad \rightarrow \quad V_{Nave\ nodriza} = \frac{1}{2} \cdot \frac{4}{3} \cdot \pi \cdot r^3 = \frac{2}{3} \cdot \pi \cdot r^3$$

$$\rho_{Nave} = \frac{m}{V} = \frac{m}{\frac{2}{3} \cdot \pi \cdot r^3} = \frac{1 \cdot 7 \cdot 10^{22}\ kg}{4 \cdot \frac{2}{3} \cdot \pi \cdot (275,000\ m)^3} = 401,773\ \frac{kg}{m^3}$$

2) $\quad \rho_{Urano} = 19.16\ \frac{g}{cm^3} = 19,160\ \frac{kg}{m^3}$

3) Supuesto: Las naves son discos esféricos con una altura de 100 metros. A un radio de 12 km se aplica. : $V = 2\pi r^2 \cdot h = 9 \cdot 10^{10}\ m^3$

   Se aplica además: $m = \rho_{Naves} \cdot V = 401773\ \frac{kg}{m^3} \cdot 9 \cdot 10^{10} m^3 = 3.6 \cdot 10^{16} kg$

4) Se tiene: $F = G\ \frac{m_1 m_2}{r^2} = 6.67 \cdot 10^{-11}\ \frac{6 \cdot 10^{24} \cdot 3.6 \cdot 10^{16}}{6,300,000^2} = 3.6 \cdot 10^{17} N$

5) La fuerza de atracción es: $F = G\ \frac{m_1 m_2}{r^2} = 6.67 \cdot 10^{-11}\ \frac{6 \cdot 10^{24} \cdot 7 \cdot 10^{22}}{390,000,000^2} = 1.9 \cdot 10^{20} N$

6) La fuerza de atracción entre la Tierra y la nave espacial es más débil por un factor de alrededor de 500. Es decir, no habría un efecto en las mareas debido a las pequeñas naves espaciales que atacan.

YES MAN

Palabras clave: Caída Libre, Energía Cinetica, Bungee
Tiempo extraído de la película : ver link YouTube
Tráiler de la película: https://www.youtube.com/watch?v=_C-7ofbk03I&t=1s

Contenido

"Yes Man" es una película de comedia estadounidense de 2008, en la que Jim Carry tiene el papel principal. La película está basada en un libro autobiográfico de Danny Wallace, un autor, productor y periodista británico, que pasó un año de su vida respondiendo con un "sí" a cada pregunta y decisión que enfrentó y que luego escribió sus experiencias. En una escena, Carrey salta de un puente usando una cuerda de bungee. Carrey no tuvo un doble para esta escena. Fue su primer salto en bungee y le gustó la idea en la película. El director Peyton a propósito tuvo esta escena al final del proyecto, en caso de que algo hubiera sucedido.

Tareas

Se supone que Jim Carrey cae a 10 m sobre el suelo y nunca debe haber más de 3 g (tres veces la aceleración gravitacional) que impactan su cuerpo. ¿Cuánto mide la cuerda al máximo? Esta tarea es fácil de resolver argumentativamente, no tan fácil de resolver físicamente. Comience con su línea de razonamiento y luego considere la situación desde un punto de vista físico.

SOLUCIÓN

Argumentativamente, es fácil describir la situación: si Carrey cae con 1 g, pero puede desacelerarse con 3 g, la "distancia de caída" y la "distancia de frenado" se comportan en la misma proporción. La proporción de cuerda a cuerda estirada sería 3:1.

Dado que el proceso de frenado no debe exceder la velocidad de 3 g, también podemos discutir con el movimiento acelerado lo siguiente:

Si $s = \frac{1}{2}at^2$ es la distancia de freno; para la caída libre se aplica $t = \frac{v}{a}$, entonces

$$s = \frac{1}{2} \cdot a \cdot t^2 = \frac{1}{2} \cdot \frac{v^2}{a}$$

Al final de la caída libre, la energía cinética es tan grande como la energía potencial $m \cdot g \cdot h$ con 'h' la longitud de la cuerda sin estirar 'l':

$$\frac{1}{2} \cdot m \cdot v^2 = m \cdot g \cdot l$$
$$v = \sqrt{2 \cdot g \cdot l}$$

Lo que conduce a

$$s = \frac{1}{2} \cdot \frac{v^2}{a} = \frac{1}{2} \cdot \frac{2 \cdot g \cdot l}{a} = \frac{g \cdot l}{a}$$
$$\frac{s}{l} = \frac{g}{a} = \frac{g}{3g}$$

Por lo tanto, la relación es 3: 1 de la cuerda a la distancia de freno.

STAR TREK 7

Palabras clave: Gravedad, Estrellas
Tiempo extraído de la película : 01:21:00 – 01:21:45
Tráiler de la película: https://www.youtube.com/watch?v=MUieGh1fHSI

Contenido

En la película *Star Trek Generations*, el villano Soran dilata el sol de cierto sistema solar en una supernova para cambiar la fuerza gravitacional. Con este cambio gravitacional modificado, está intentando redirigir una banda de energía, el Nexus, a un planeta. En la película se muestra cómo una sonda golpea una estrella, que cambia inmediatamente y crea una onda de choque que a su vez, cambia el curso de la banda de energía. Llega al planeta que después de un corto período de tiempo, también es golpeado por la onda de choque y destruido.

Tareas

1) Argumentar desde un punto de vista físico: ¿Por qué la expansión del sol en una supernova en primera instancia no cambia la fuerza gravitatoria dentro del sistema solar?

2) ¿En qué tiempo t_1 se notaría tal cambio?

SOLUCIÓN

1) La gravedad dentro del sistema solar depende de la masa del sol dentro del sistema. Sin embargo, a través de la expansión del Sol en una supernova, la masa no cambia (Fig. 2) - por lo tanto, no hay efectos en las condiciones gravitacionales dentro del sistema.

2) La gravedad solo cambia una vez que una parte de la masa del Sol está en el otro lado del planeta (Fig. 3).

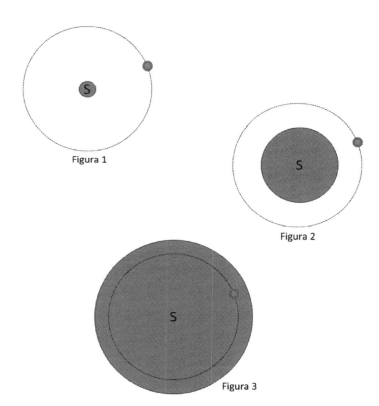

Figura 1

Figura 2

Figura 3

STAR TREK
ABISMO ESPACIAL 9

Palabras clave: Contracción, Vibración, Péndulo
Tiempo extraído de la película : Star Trek DS9, 6x14
Tráiler de la película: https://www.youtube.com/watch?v=xvIckMJkgKc

Contenido

La vibración/oscilación armónica es un pilar de la física teórica. Las cuerdas vocales humanas no son exactamente péndulos de hilo, pero simplificadas podrían verse como vibraciones armónicas (péndulo de hilo). En la serie *Star Trek Abismo Espacial 9*, la tripulación se encuentra con un fenómeno espacial, que reduce parte de la tripulación a $1/170$ de su tamaño original. En el episodio se menciona que las moléculas de aire fuera de la nave espacial encogida son demasiado grandes para respirar. Sin embargo, no se menciona un aspecto físico diferente.

Tareas

1) ¿De qué factor depende el período de vibración de un péndulo?

2) El tono (frecuencia) de la voz humana se encuentra a unos 200 Hz (vibraciones por segundo). ¿En qué factor cambia el período de vibración de las cuerdas vocales de los tripulantes reducidos?

3) ¿Cómo cambia la frecuencia del habla? ¿Con qué tono hablan ahora los miembros de la tripulación encogidos?

4) La capacidad de audición humana nos permite escuchar de 20 a 20 000 Hz. ¿Podríamos entender al capitán Sisko encogido?

5) Básicamente, la capacidad auditiva depende de la superficie del tímpano. Entonces, ¿puede la tripulación reducida todavía entender a humanos de tamaño normal?

SOLUCIÓN

1) Para el periodo de vibración de un péndulo se aplica: $T = 2\pi\sqrt{\dfrac{l}{g}}$. Entonces, la única variable en la expresión es *l*.

2) Para el cambio en el periodo de vibración se aplica: $T_{reducido} = 2\pi\sqrt{\dfrac{^1/_{170}l}{g}}$.

   El factor cambiado es, por lo tanto $\sqrt{\dfrac{1}{170}} \sim \dfrac{1}{13}$. El período de vibración *T* es más pequeño en un factor de 13. (Nota: Al ver las cuerdas vocales como superficies en lugar de líneas, ¡el factor tendría que ser al cuadrado!)

3) Se tiene la relación: $T = \dfrac{1}{f}$. La frecuencia es así mayor por un factor de 13.

4) $200\ Hz \cdot 13 = 2600\ Hz$. Sí, todavía podríamos entender a la tripulación .

5) Básicamente, el tímpano puede verse como una superficie. Por ende, se contrae en un factor de 13^2.

   En consecuencia, la frecuencia audible aumenta en un factor de 13^2. El rango audible estaría entre 3,400 Hz y 3,400,000 Hz, lo que significa que la tripulación no podría escucharnos a nosotros ni a ellos mismos.

MONSTERS VS. ALIENS

Palabras clave: Magnificación, Masa
Tiempo extraído de la película : ver link YouTube
Tráiler de la película: https://www.youtube.com/watch?v=NiS1G2__DKc&t=14s

Contenido

En la película animada *Monsters vs. Aliens*, la protagonista Susan (65 kg) es golpeada por un asteroide el día de su boda y crece desde una altura de 1.66 m a 15 m. Junto con un grupo de otras criaturas extrañas, establece un equipo para luchar contra una invasión alienígena.

El peso que puede soportar un hueso depende de su sección transversal. Para una mujer de una constitución similar a Susan, el hueso del muslo podrá soportar aproximadamente 8,000 N y una vértebra (que solo tiene que llevar la mitad del peso corporal) aproximadamente 3,600 N.

Tareas

1) ¿Los huesos son capaces de sostener a Susan después de que ella está magnificada?

2) ¿Qué tamaño podría alcanzar antes de que sus huesos se rompieran?

3) El tono (frecuencia) de la voz humana es de aproximadamente 200 Hz (vibraciones por segundo). ¿A qué factor cambiaría el período de vibración de Susan? (Pista: mira las cuerdas vocales como un péndulo simple)

4) La capacidad auditiva humana oscila entre 20 y 20 000 Hz. ¿Aún podríamos entender a Susan?

5) Básicamente, la capacidad auditiva depende del tamaño del tímpano (Pista: ¡Superficie!). Entonces, ¿podría Susan entender aún a los humanos de tamaño normal?

SOLUCIÓN

1) En primer lugar, hay que establecer el factor de aumento x.
$$1.66 \cdot x = 15 \quad \rightarrow x = 9.03$$

Este factor se aplica a la longitud, anchura y profundidad. El peso de Susan (volumen), por lo tanto, cambia con la tercera potencia:
$$65 \text{ kg} \cdot 9.03^3 = 47{,}958 \text{ kg.}$$

La sección transversal de los huesos (superficie), solo crece con la segunda potencia. La capacidad de carga es por lo tanto:
$$8{,}000 \text{ N} \cdot 9.03^2 = 652{,}327 \text{ N} \approx 65\text{t}$$
$$3{,}600 \text{ N} \cdot 9{,}03^2 = 293{,}547 \text{ N} \approx 30\text{t}$$

Así, ambos huesos pueden soportar el peso de Susan (nota: las vértebras solo tienen que soportar la mitad del peso)

2) Se busca el máximo factor de magnificación x.

Se aplica entonces:
$$650 \text{ N} \cdot x^3 = 8000 \text{ N} \cdot x^2 \quad \text{o} \quad 325 \text{ N} \cdot x^3 = 3600 \text{ N} \cdot x^2$$

(La fuerza de peso creciente no puede ser mayor que la capacidad máxima de carga de peso)

Lo que nos conduce a $x_O = 12.3$ y $x_R = 11.1$

Por consiguiente, Susan podría tener $1.66 \, m \cdot 11.1 = 18.38 \, m$ de altura máxima.

SOLUCIÓN

3) Para el periodo de vibración de un péndulo se aplica: $T = 2\pi\sqrt{\dfrac{l}{g}}$. Entonces, la única variable en la expresión es l.

$$T_{grande} = 2\pi\sqrt{\dfrac{9 \cdot l}{g}}$$

El factor cambiado es, por lo tanto $\sqrt{9} \sim 3$. El período de vibración T se cambia por un factor de 3, en consecuencia, la frecuencia disminuye en un factor de 3.

4) Susan habla a una frecuencia de $f = \dfrac{200}{3} = 66$ Hz. Sí, aun podemos entenderla.

5) El tímpano (superficie) crece en un factor de 9^2. Esto significa que Susan escuchará a una frecuencia de 1 - 246 Hz. (Más realista, el corte sería de alrededor de 10 Hz, incluso eso ya sería un ruido subsónico)

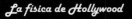

MÁXIMA

VELOCIDAD(SPEED)

Palabras clave: Velocidad angular, Salto, Caída Libre
Tiempo extraído de la película : ver link Youtube
Tráiler de la película: https://www.youtube.com/watch?v=dKJa-KQNjQU&t=60s

Contenido

En la película *Máxima Velocidad*, terroristas colocan una bomba dentro de un autobús, de aproximadamente 10 metros de longitud. Se supone que explotará una vez que el conductor disminuya la velocidad por debajo de de 80 kph (50 mph). Uno de los policías que ayudó a detener el primer ataque terrorista, logra subirse al autobús, que está acelerando a través de Los Ángeles. Él hace todo lo posible para mantener la velocidad. Cuando el conductor del autobús se sube a una carretera vacía, de 40 m de altura, se da cuenta de que se está dirigiendo hacia una parte de la carretera sin terminar. Las partes del puente están incompletas, hay una brecha en el camino de aproximadamente 15 m de ancho. El conductor del autobús acelera a 110 km/h, salta sobre el puente y aterriza de forma segura en el otro lado.

Tareas

1) ¿Cuánto tiempo le toma al autobús saltar los 15 m?

2) El eje delantero deja el borde del concreto en un punto en el tiempo t_0. Calcule el punto en el tiempo t_1, en el que el eje trasero deja el borde .

 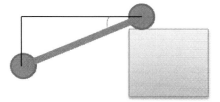

3) Durante este tiempo, el eje delantero ya ha bajado. ¿Cuántos metros tiene 'cayendo' en este punto? (La distancia entre ejes es de 8 m).

4) ¿A qué ángulo corresponde ahora la inclinación del autobús? (ver diagrama)

5) Ahora, ¿a qué velocidad angular corresponde la rotación del autobús?

6) ¿Dónde, en términos de altura del autobús, llegará a la carretera la autopista que se aproxima? ¿Qué significa esto para el conductor?
Para simplificar, que la velocidad angular ω se mantiene constante a lo largo del evento.

7) Asumiendo que la segunda carretera no estaba en el camino, ¿después de qué hora t_3 el autobus tocará el piso?

8) ¿Qué ángulo tendría el autobús en ese punto?

SOLUCIÓN

1) Se tiene: $t = \frac{s}{v} = \frac{15 \text{ m}}{30.6\frac{m}{s}} = 0.5$ s

2) Si la separación entre ejes es de 8.0 m, resulta s: $t = \frac{s}{v} = \frac{10 \text{ m}}{30.6\frac{m}{s}} = 0.26$ s

3) Caída libre = movimiento acelerado.

   Se tiene: $s = \frac{1}{2}gt^2 = \frac{1}{2} \cdot 9.81\frac{m}{s^2} \cdot (0.26s)^2 = 0.37$ m

4) De las funciones trigonométricas: $\sin(\alpha) = \frac{leg\ (a)}{HY} = \frac{0.37\text{m}}{8\text{m}} \rightarrow \alpha = 2.65°$.

5) Se tiene la velocidad angular: $\omega = \frac{\varphi}{t} = \frac{2.65°}{0.26s} = 10.2°\ s^{-1}$

6) Aquí tenemos que comenzar en la tarea 3): ¿Cuántos metros ha caído la parte delantera del autobús durante el salto de 15 m?

   Se tiene: $s = \frac{1}{2}gt^2 = \frac{1}{2} \cdot 9.81\frac{m}{s^2} \cdot (0.5\ s)^2 = 1.23$ m

7) Altura de la carretera: 40 m

$$t_3 = \sqrt{\frac{2s}{g}} = 2.86 \text{ s}$$

8) Se aplica entonces: $\varphi = \omega \cdot t = 10.2°\ s^{-1} \cdot 2.86\ s = 29.1°$.

EL AUTO FANTÁSTICO (KNIGHT RIDER)

Palabras clave: Velocidad, Resistencia del Aire, Densidad, Carro
Tiempo extraído de la película : ver link YouTube
Tráiler de la película: https://www.youtube.com/watch?v=TeUZYH0is2o&t=19s

Contenido

En la serie de televisión "El Auto Fantástico" de los años 80, el expolicía Michael Knight y su auto parlante K.I.T.T. lucha contra el crimen para la "Fundación de Ley y Gobierno". El auto, K.I.T.T. pudo conducir hasta 480 kilómetros por hora. Como estación de servicio móvil, se utilizó un camión en el que K.I.T.T. fue reparado y transportado.

Tarea

1) ¿Cuánto aire hace K.I.T.T. moverse cuando él maneja un kilómetro? ¿Y cuánto, en comparación, se mueve el camión? La densidad del aire es aproximadamente 1.204 kg / m3. Hacer suposiciones para los datos faltantes.

SOLUCIÓN

Volumen de aire K.I.T.T.: $2\,m \cdot 1.5\,m \cdot 1,000\,m = 3000\,m^3$.

Peso del aire: $3,000\,m^3 \cdot 1.204\,\frac{kg}{m^3} = 3,612\,kg$

K.I.T.T. debe mover 3 ½ toneladas de aire por kilometro.

En comparación con el camión: $2.5\,m \cdot 3.5\,m \cdot 1,000\,m = 8,750\,m^3$.

Peso del aire: $8,750\,m^3 \cdot 1.204\,\frac{kg}{m^3} = 10,535\,kg$.

El camion debe mover 10 ½ toneladas de aire por kilometro. ¡A una distancia de Nueva York a Washington DC eso sería 3,800 toneladas!

RÁPIDO & FURIOSO (FAST AND FURIOUS)

Palabras clave: Carro, Fuerza, Velocidad
Tiempo extraído de la película : 01:19:25 – 01:21:20
Tráiler de la película: https://www.youtube.com/watch?v=T3J9yYnKLA0

Contenido

La serie *Rápido & Furioso* contiene una serie de películas en las que varios héroes conducen sus autos deportivos a través de espectaculares escenas llenas de acción. Durante la séptima película, los protagonistas saltan de un rascacielos a otro en su automóvil, mientras no usan sus cinturones de seguridad. Una y otra vez, las personas cometen el trágico error de pensar que los cinturones de seguridad son innecesarios, porque supuestamente es posible "atraparse" uno mismo durante una colisión menor apoyando los brazos contra el volante.

Al sustituir la velocidad (en kph) en la fórmula $h = v^2/254$ nos permite encontrar distancia. Esto se puede ver como la altura, la cual cae a la velocidad máxima (por ejemplo, de una mesa al suelo) para poder imaginar el tipo de fuerzas que tienen lugar a tales velocidades.

Tareas

1) Deriva la fórmula. Tenga en cuenta la transformación de las unidades.

2) ¿A qué altura corresponde una colisión a 30 kilómetros por hora?

3) Piense de nuevo en el choque de motocicletas de *Misión Imposible II*: ¿A qué altura de caída libre corresponde esa colisión?

SOLUCIÓN

1) Comenzamos comparando la energía cinética (dentro de un automóvil que viaja) con la energía potencial (de caer desde cierta altura).

$$E_c = E_p$$

$$\frac{1}{2}mv^2 = mgh$$

Dado que la velocidad del automóvil se suele dar en kph, esto debe tenerse en cuenta dentro de la fórmula:

$$\frac{1}{2}m\left(\frac{v}{3.6}\right)^2 = mgh$$

$$\frac{1}{2}\left(\frac{v}{3.6}\right)^2 = gh$$

$$\frac{\frac{1}{2}v^2}{12.96} = gh$$

$$h = \frac{v^2}{2 \cdot 12.96 \cdot 9.81} = \frac{v^2}{254}$$

2) Si se tiene $v = 30\,\frac{km}{h}$, entonces aplica: $h = \frac{v^2}{254} = 3.54\,m$

Para ilustrarlo, esto correspondería al salto del trampolín de 3 metros en la piscina. Este no puede ser atrapado usando los brazos de uno.

3) Suposición: Ambas motocicletas viajan una contra la otra a $80\,km/h$:

$$h = \frac{v^2}{254} = 25\,m$$

La colisión correspondería a una caída a toda velocidad desde una altura de 25 metros hasta el asfalto.

FLASH

Palabras clave: Energía Cinética, Velocidad, Esfuerzo de Freno, Velocidad de la Luz
Tiempo extraído de la película : ver link YouTube
Tráiler de la película: https://www.youtube.com/watch?v=NUiCZhWEzAY

Contenido

El superhéroe Flash debutó en un cómic en 1940, en el que se le cuenta a los lectores sobre Barry Allen, un miembro del personal científico del departamento de policía. En el camino a casa desde el trabajo, se detiene en el laboratorio químico, cuando un rayo lo golpea, y lo equipa con la capacidad de correr a la velocidad de la luz. Excepto por su velocidad, Flash no posee ningún otro superpoder. En Flash # 124, nuestro héroe detiene una bala disparada por un asesino, a solo unos centímetros del pecho del presidente. Para un héroe súper rápido, la velocidad de una bala (7.5 g y 350 m/s) no es un problema, pero ¿qué hay de atraparlo?

Tareas

1) ¿Puede Flash detener la bala a tiempo si logra agarrarla a 7 cm del pecho del presidente?

2) Suponiendo que Flash puede levantar una carga de 50 kg con un brazo, ¿a qué distancia del pecho del presidente tendría que alcanzar la bala?

SOLUCIÓN

1) En primer lugar, tenemos que calcular la energía cinética de la bala:

$$E_c = \frac{1}{2}mv^2 = \frac{1}{2} \cdot 0.0075\ kg \cdot (350\ m/s)^2 = 459.4\ J$$

Posteriormente, tenemos que observar el "esfuerzo de freno": la energía cinética total que se desacelerará. Por lo tanto, se aplica:

$$E_c = W = F \cdot s$$

Como estamos buscando la fuerza F, se aplica:

$$F = \frac{W}{s} = \frac{E_c}{s} = \frac{459.4\ J}{0.07\ m} = 6,562.5\ N$$

Esto corresponde a una masa de aproximadamente 650 kg. Es imposible atrapar este tipo de carga con una mano.

2) Podemos usar los valores de arriba. Para obtener s utilizamos la F dada.

$$s = \frac{W}{F} = \frac{E_c}{F} = \frac{459.4\ J}{500\ N} = 0.92\ m$$

DÍA DE LA INDEPENDENCIA

Palabras clave: Gravedad, Fuerza
Tiempo extraído de la película : ver link YouTube
Tráiler de la película: https://www.youtube.com/watch?v=8hwAjZIA4TY&t=6s

Contenido

En la película apocalíptica *Día de la Independencia*, los extraterrestres atacan la Tierra. Durante la película, se le dice al espectador que la nave nodriza tiene un diámetro gigantesco de ¼ de la masa de la luna, y está ubicada dentro de una órbita geoestacionaria (1⁄10 de la distancia entre la tierra y la luna, esto es $3.8 \times 10^7 m$) alrededor de la Tierra. ¿Qué efecto tendrá la nave nodriza en la Tierra? Para hacer esto, calcule la relación de las fuerzas de gravedad de la luna y la nave nodriza en la tierra.

Tareas

1)   ¿En qué factor difieren las fuerzas?

La fuerza Gravitacional F se determina usando $F = G\,\dfrac{m_1 m_2}{r^2}$

G es la constante gravitacional G$= 6.67 \times 10^{-11}\,\dfrac{m^3}{kg\,s^2}$

2)   Al observar el efecto que la fuerza gravitacional tiene en las mareas, la fórmula anterior se aplica con r^3 en lugar de r^2. ¿A qué factor se refuerzan las mareas? ¿Cómo afecta esto a la Tierra?

SOLUCIÓN

1) Sea m_1 la masa de la Luna, M la masa de la Tierra y r la distancia Tierra – Luna.

Estamos calculando la relación entre las fuerzas gravitacionales, entonces

$$\frac{F_{nave}}{F_{Luna}} = \frac{G\frac{0.25 \cdot m_1 M}{(0.1 \cdot r)^2}}{G\frac{m_1 M}{r^2}} = \frac{\frac{0.25 \cdot m_1 M}{0.1^2 \cdot r^2}}{\frac{m_1 M}{r^2}} = \frac{0.25 \cdot m_1 M \cdot r^2}{0.1^2 \cdot r^2 \cdot m_1 \cdot M} = 25$$

Esto significa que el efecto sobre la gravedad es 25 veces más fuerte que la nave espacial en comparación con la Luna.

1) Calcular el efecto en la marea alta y baja es algo más complicado y los detalles no nos interesan en este momento. Lo que cuenta es que el radio tiene efecto cerca de la tercera potencia:

$$\frac{F_{nave}}{F_{Luna}} = \frac{G\frac{0.25 \cdot m_1 M}{(0.1 \cdot r)^3}}{G\frac{m_1 M}{r^3}} = \frac{\frac{0.25 \cdot m_1 M}{0.1^3 \cdot r^3}}{\frac{m_1 M}{r^3}} = \frac{0.25 \cdot m_1 M \cdot r^3}{0.1^3 \cdot r^3 \cdot m_1 \cdot M} = 250$$

En consecuencia, el efecto de la marea alta y baja sería 250 veces mayor. La nave espacial ni siquiera tendría que atacar, simplemente podría permanecer en su órbita geoestacionaria durante unas horas; todo lo demás se encargaría de sí mismo.

FLASH

Palabras clave: Energía Cinética, Velocidad, Esfuerzo de Freno, Velocidad de la Luz
Tiempo extraído de la película : ver link YouTube
Tráiler de la película: https://www.youtube.com/watch?v=NUiCZhWEzAY

Contenido

Después del rayo en un laboratorio químico, el superhéroe Flash gana el poder de correr a la velocidad de la luz (300,000 km/s). La energía necesaria para una hazaña tan increíble obviamente proviene de un desayuno saludable. Pero, ¿cuánto tiene que comer nuestro héroe para ser tan rápido? De hecho, en los cómics, Flash en realidad no se representa como muy musculoso, pero, dado que es un corredor, se dibuja como bastante delgado y nervioso. Supongamos que pesa unos 70 kg. Como medida usaremos una hamburguesa, que contiene aproximadamente 273 kcal o 1140 kj.

Tarea

¿Cuántas hamburguesas tiene que comer Flash para obtener la energía necesaria y correr cómodamente al 1% de la velocidad de la luz? $v_{Luz} = 300,000 \frac{km}{s}$

SOLUCIÓN

En primer lugar, calculamos la energía cinética para llegar a la velocidad dada de

$$0.01 \cdot 300{,}000{,}000 \, \frac{m}{s} = 3{,}000{,}000 \, \frac{m}{s}.$$

$$E_c = \frac{1}{2}mv^2 = \frac{1}{2} \cdot 70 \text{ kg} \cdot \left(3{,}000{,}000 \, \frac{m}{s}\right)^2 = 3.15 \times 10^{14} \text{J}$$

Una hamburguesa contiene la energía de 1,140 kilojulios = 1,140,000 julios

Así pues, se aplica: $\frac{3.15 \times 10^{14} \text{J}}{1{,}140{,}000 \text{J}} = 276{,}315{,}789$ hamburgers (sobre 276 millones).

Nota: En este problema no hemos tomado en cuenta el aumento relativo de la masa. También, se supone que toda la energía contenida en las hamburguesas se transforma en energía cinética.

SUPERMAN IV

Palabras clave: Rotación, Fuerza Centrífuga, Velocidad Angular, Estrellas
Tiempo extraído de la película : ver Trailer
Tráiler de la película: https://www.youtube.com/watch?v=jwuB2ub5aek

Contenido

En la película *Superman IV - The Quest for Peace* de 1987, Superman es arrastrado a los asuntos del desarme. Activado por una reunión cumbre fallida y las preocupaciones de un niño pequeño, el héroe kryptoniano decide recoger todas las armas nucleares en la tierra en una gigantesca red de 50 metros de largo y, como un martillo, arrojarlo al sol. Cada cohete tiene una masa de aproximadamente 2,000 kg. Hay alrededor de 19,000 misiles nucleares en la Tierra. En el extracto de la película, Superman necesita alrededor de 4 segundos por rotación. Pasan unos 14 segundos desde el momento en que lo suelta, hasta el punto de impacto en el Sol.

Tareas

1) ¿Qué fuerza centrípeta impacta a Superman?

2) ¿Cuánto tiempo le tomará a la red alcanzar el Sol (distancia: 1.5×10^{11} m), usando el tiempo de rotación anterior?

3) Calcule la velocidad y la velocidad angular de la red, suponiendo que, como se muestra en la película, le tomará 14 segundos alcanzar el Sol. ¿Sería esto posible?

SOLUCIÓN

1) $F_c = \dfrac{m \cdot v^2}{r} = \dfrac{19,000 \cdot 2000 \; kg \cdot v^2}{50 \; m}$

La velocidad se define como $v = \dfrac{s}{t}$, ya que estamos tratando con un círculo se aplica :

$$v = \frac{D}{t} = \frac{2 \cdot \pi \cdot r}{4s} = 78.54 \, \frac{m}{s}$$

$$F_c = 4.69 \times 10^9 \, N$$

2) $v = \dfrac{s}{t} \rightarrow t = \dfrac{s}{v} = \dfrac{1.5 \times 10^{11} m}{78.54 \frac{m}{s}} = 1{,}909{,}854{,}851 s = 60.56$ años.

3) $v = \dfrac{s}{t} = \dfrac{1.5 \times 10^{11} m}{14s} = 1.07 \times 10^{10} \, \dfrac{m}{s}$

Esto corresponde a 35 veces la velocidad de la luz.

$\omega = \dfrac{v}{r} = \dfrac{1.07 \times 10^{10} m/s}{50m} = 214{,}000{,}000 \, \dfrac{1}{s}$ (grados por segundo)

$T = \dfrac{2 \cdot \pi}{\omega} = 0.000000029 \, s$ (periodo orbital)

STAR TREK

Palabras clave: Punto de Reunión, Nave Espacial
Tiempo extraído de la película : ver link YouTube
Tráiler de la película: https://www.youtube.com/watch?v=PiRN2Jz_2KI

Contenido

Star Trek fue una serie de televisión de ciencia ficción estadounidense de la década de 1960. Bajo el mando del Capitán Kirk, la nave espacial Enterprise exploró partes desconocidas del universo. Varios aspectos del espectáculo fueron controversiales para los espectadores: la nave fue operada por un ruso y un asiático. Además, *Star Trek* fue el primero en mostrar un beso entre una persona negra y una blanca en la televisión. La sexta película de cine, junto con los eventos actuales, es decir, el final de la guerra fría, trató el tema del próximo fin del Imperio Klingon y el miedo a la humanidad frente a un futuro desconocido.

Tarea

Suponga que Enterprise lleva 10 horas desde la Tierra hasta el planeta natal Klingon Oo'noS. Un Klingon 'Warbird' tarda 15 horas desde Oo'noS hasta la Tierra. ¿Después de cuántas horas se encuentran las dos naves si ambos salen al mismo tiempo?

En primer lugar, observamos qué tan lejos llegan en una hora.

Enterprise: $\frac{1}{10}$ de camino; 1 h

Warbird: $\frac{1}{15}$ de camino; 1 h

Después de x horas, las dos se encuentran y por lo tanto, combinados, han cubierto toda la distancia (=1), así:

$$\frac{x}{10} + \frac{x}{15} = 1$$

$$\frac{3x}{30} + \frac{2x}{30} = 1$$

$$\frac{5x}{30} = 1$$

$$5x = 30$$

$$x = 6$$

Ellos se encuentran después de 6 horas.

AVENGERS

Palabras clave: Velocidad, Trigonometría
Tiempo extraído de la película : 02:03:40 – 02:06:12
Tráilerde la peícula: https://www.youtube.com/watch?v=yNXfOOL8824

Contenido

En la película de acción *Avengers*, un grupo de superhéroes lucha contra una invasión alienígena. Durante el final, el ejército de los Estados Unidos dispara un misil nuclear con la velocidad v_1 hacia el centro de la ciudad para detener a los alienígenas. Al mismo tiempo, el superhéroe Iron Man comienza con la velocidad v_2 para intentar detener el misil.

Tarea

Dibuje un diagrama y desarrolle una fórmula para la dependencia del ángulo α con la velocidad de Iron Man.

SOLUCIÓN

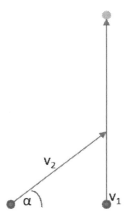

Se tiene: $s = v \cdot t$, establece la distancia de los puntos de partida como d.

Por lo tanto:

$s_1 = v_1 \cdot t$ y

$s_2 = v_2 \cdot t$ y

$\text{Sen}(\alpha) = \dfrac{s_1}{s_2} = \dfrac{v_1 \cdot t}{V_2 \cdot t} = \dfrac{v_1}{v_2}.$

ARMAGEDÓN

Palabras clave: Nave Espacial, Fuerza Centrífuga, Gravedad
Tiempo extraído de la película : 01:12:12 – 01:12:44
Tráiler de la película: https://www.youtube.com/watch?v=PSrmvsvLzbY

Contenido

Durante el curso de la película de acción *Armagedón*, los héroes están a bordo de la estación espacial rusa (en este punto ya destruida) MIR. Para ahorrar costos durante el rodaje, la película evitó la presencia de astronautas flotantes y, en cambio, afirmó que había "gravedad artificial" a bordo de la estación. Esta "gravedad artificial" en realidad se puede lograr a través de la rotación de la estación espacial. De este modo, la estación gira tan rápido que el peso de un humano se cancela exactamente a través de la fuerza centrífuga (que trabaja externamente). Pero, dado que la unidad básica del MIR solo tenía un diámetro de 4.15 m, que es muy poco en comparación con la altura de un humano, la fuerza afectaría las cabezas de los cosmonautas mucho menos que sus piernas.

Tareas

1) Suponiendo que no tenemos en cuenta estos problemas, ¿qué tan rápido tendría que rotar el MIR para generar gravitación artificial?
2) Con este resultado, ¿podría atracar un transbordador espacial?

81

SOLUCIÓN

1. La fuerza centrífuga debe ser tan grande como la gravedad, por lo tanto se aplica: $F_G = F_c$

$$m \cdot g = \frac{mv^2}{r}$$
$$g = \frac{v^2}{r}$$
$$v = \sqrt{g \cdot r}$$
$$v = 4.511 \frac{m}{s}$$

2. También, es interesante observar cuántas rotaciones por segundo responde esto. El período de rotación T corresponde al cociente de distancia y velocidad ($t = \frac{s}{v}$) con $s = 2\pi r$.

$$T = \frac{2\pi r}{4.511 \frac{m}{s}} = 2.89 \, s$$

La estación tendría que rotar cada tres segundos; ninguna construcción sería capaz de soportar eso, sin mencionar que sería imposible que cualquier transbordador espacial se acoplara a la estación.

TRANSFORMERS 2

Palabras clave: Fuerza Centrífuga, Velocidad Angular
Tiempo extraído de la película : 00:55:10 – 00:55:30
Tráiler de la película: https://www.youtube.com/watch?v=B_CzSjhOGzM

Contenido

En la película *Transformers*, los robots alienígenas buenos (Transformers) luchan contra los malvados robots alienígenas (Decepticons), por lo que varias ciudades estadounidenses están siendo destruidas. En *Transformers 2: La venganza de los caídos*, los protagonistas intentan escapar en un automóvil, que luego se eleva en el aire por un helicóptero. Durante el transporte, el vehículo gira (T = 2s) alrededor del eje de la cuerda, a través de este se abre la puerta del pasajero. Sam (el héroe) es arrojado del auto y se las arregla para agarrarse a la manija de la puerta, en algún momento con solo una mano.

Tarea

¿Qué fuerza está impactando a Sam durante la rotación? Hacer suposiciones apropiadas. (Simplifica e ignora la gravedad)
Para comparar: El récord mundial actual de levantamiento de pesas, en la categoría de Sam, es de 210 kg con ambos brazos.

SOLUCIÓN

Se tiene:

   Fuerza centrípeta $F_c = m\omega^2 r$

   y la velocidad angular $\omega = \frac{2\pi}{T}$

Se asume:

$m = 80 \; kg$ y $r = 1.5 \; m$

Así se tiene que: $F_c = 80 \; kg \cdot \left(\frac{2\pi}{T}\right)^2 \cdot r = 1{,}184.35 \; N$

Con ambos brazos 2,200 N son posibles. Esto significa que sería casi posible para un hombre muy fuerte aferrarse a la puerta, pero no para alguien que no está bien entrenado.

ARMAGEDDON

Palabras clave: Velocidad Angular, Velocidad de Trayectoria, Fuerza Centrífuga
Tiempo extraído de la película : ver Tráiler
Tráiler de la película: https://www.youtube.com/watch?v=OnoNITE-CLc

Contenido

En la película de acción *Armageddon*, dos transbordadores espaciales parten de un puerto espacial en Cabo Cañaveral para salvar al mundo.

Hay alrededor de una docena de puertos espaciales en todo el mundo, la mayoría de ellos cerca del ecuador. ¿Por qué?

Tareas

1)   Calcule la velocidad angular de la Tierra.

2)   Calcule la velocidad de trayectoria de la Tierra en el ecuador.

3)   ¿Cuál es la velocidad de trayectoria en los polos?

4)   Calcule la fuerza centrípeta que impacta un cohete (m = 50 t) en el ecuador. ¿En cuánto es más pequeño el peso en el ecuador en comparación con el polo norte?

Datos útiles:

5)   Diámetro de la tierra: 6,300 km

6)   Un día son tiene 24 h

SOLUCIÓN

1) $\omega = \dfrac{2\pi}{T} = \dfrac{2\pi}{24 \cdot 60 \cdot 60} = 7.2 \times 10^{-5} s^{-1}$

2) $\omega = \dfrac{v}{r} \;\rightarrow\; v = \omega \cdot r = 7.2 \times 10^{-5} s^{-1} \cdot 6{,}300{,}000 \, m = 458 \dfrac{m}{s}$

3) En resumen, la velocidad de trayectoria en los polos es 0.

4) $F_c = \dfrac{mv^2}{r} = \dfrac{50{,}000 kg \cdot 458^2 \frac{m^2}{s^2}}{6{,}300{,}000 m} = 1{,}665 \text{ N} \rightarrow 169 \text{ kg}$

HULK

Palabras clave: Torca, Fuerza, Presión
Tiempo extraído de la película : 00:53:00 – 00:54:00
Tráiler de la película: https://www.youtube.com/watch?v=hLPmTK8SSq8

Contenido

A través de una bomba gamma de un espía comunista, el físico Dr. Robert Bruce Banner fue convertido en *The Incredible Hulk*, un monstruo verde de dos metros y medio de altura. En la versión cinematográfica de 2008, se puede ver cómo Hulk agarra un Hummer del ejército (3.5 toneladas, 4.48 metros de largo), gira y lo arroja. Para levantar un automóvil así, Hulk tendría que poseer cierto peso. ¿Cuál es ese peso?

Tareas

1) Para hacer esto, necesitamos determinar la torca en movimiento del vehículo . El punto de aplicación de la fuerza está a la mitad de la longitud del vehículo. Dado que el automóvil y Hulk giran constantemente, sus valores de torsión son los mismos.

2) Calcule el peso de Hulk. El punto de aplicación de la fuerza está a la mitad del diámetro de Hulk: 50 cm.

3) Un techo estándar puede soportar presiones de hasta $150 \ kg \ / \ m^2$. Calcule la presión que *The Incredible Hulk* aplica al piso. Hacer suposiciones apropiadas. ¿Sería capaz de entrar a la casa?

SOLUCIÓN

1) El torque es el producto de la fuerza y el radio:

$$M = \vec{r} \times \vec{F} = 2.42\ m \times 35{,}000\ \text{N} = 84{,}700\ \text{Nm}$$

2) Esta vez, estamos buscando la fuerza del peso F, con el valor de torque M dado y un segundo radio dado de 0.5m.

$$F = \frac{M}{r} = \frac{84{,}700\ \text{Nm}}{0.5\ \text{m}} = 169{,}400\ \text{N}$$

Esto corresponde a un peso de casi 17 toneladas.

3) El pie de Hulks tiene una superficie de aproximadamente $0.2\ m \cdot 0.4\ m = 0.08\ m^2$. Por lo tanto, la presión es sobre $21{,}1750\ \frac{\text{kg}}{\text{m}^2}$.

Ningún piso podría soportarlo.

LOBO DEL AIRE
(AIRWOLF)

Palabras clave: Torque, Fuerza, Presión
Tiempo extraído de la película : 00:53:00 – 00:54:00
Tráiler de la perlícula: https://www.youtube.com/watch?v=olSsWySC8HU&t=88s

Contenido

La serie de televisión *Airwolf* fue filmada en la década de 1980 y contó las aventuras del helicóptero de combate secreto y su piloto Stringfellow Hawke durante la guerra fría. Hawke usa el helicóptero milagroso para enviar el correo a la CIA: Ellos suponen que encontrarán en libertad a su hermano, desaparecido en acción en la guerra de Vietnam. Mientras espera que la organización cumpla con esto, se embarca en misiones secretas y resuelve problemas privados, de manera similar a la serie Knight Rider sobre el coche milagroso que habla K.I.T.T.

El tercer axioma de Newton establece que cada acción genera una reacción correspondiente. Para un helicóptero, la reacción al rotor es el par. Así, el casco del helicóptero gira en la dirección opuesta del rotor. El rotor de cola compensa esto.

1) ¿Por qué el helicóptero se llama "helicóptero"?

2) Mira la foto. Describa cómo funcionan los rotores principal y trasero para mantener estable el helicóptero (¿Cómo funcionan los rotores trasero y principal al dirigir el helicóptero en una dirección determinada?)

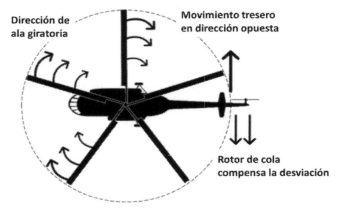

3) Los grandes helicópteros de carga no tienen un rotor trasero, sino dos rotores principales. ¿Cómo funciona esto? ¿Cuál es la ventaja?

SOLUCIÓN

1) El término "helicóptero" proviene de las palabras griegas "hélice", que significa espiral, y "pterón", que significa ala.

2) El rotor principal genera un par. Si gira hacia la izquierda, el helicóptero debajo giraría hacia la derecha: el rotor trasero debe cancelar este movimiento.

3) Los dos rotores tienen que moverse en direcciones opuestas, para cancelar el par. De esta manera, el rotor trasero ya no es necesario. La ventaja de esto es que hay un doble de elevación y, por lo tanto, es posible transportar cargas más pesadas.

HARRY POTTER

Palabras clave: Vacío, Peso, Densidad
Tiempo extraído de la película : ver Tráiler
Tráiler de la película: https://www.youtube.com/watch?v=7HPijUDArPk

Contenido

En la inmensamente popular serie "Harry Potter", los espectadores acompañan al estudiante de magia, Harry Potter, año tras año durante su tiempo en la Escuela de Brujería y Hechicería de Hogwarts. Al comienzo de la mayoría de las películas, se puede ver a Harry y sus amigos mientras buscan la plataforma 9¾, mientras llevan sus pesadas maletas.

Aunque no poseemos habilidades mágicas, las ciencias naturales aún pueden ayudarnos a hacer las maletas más ligeras.

"Si la maleta se llenara con helio, tendría una ligera elevación y sería más ligera", diría el químico.

Como físicos, vamos un paso más allá: "Si la maleta está" llena "de vacío, sería aún más ligera, ¿correcto?"

Tareas

Entonces, ¿cuál es? Un globo lleno de helio flota hacia arriba. ¿Y qué hay de un globo imaginario lleno de vacío? ¿Qué haría la maleta de Harry más ligera?

SOLUCIÓN

Incluso, el helio tiene una masa o peso atómico. Puede ser más ligero que eso o "aire", pero sigue siendo un peso.

Así, es más pesado que "nada": la maleta debe llenarse con vacío, solo entonces estará realmente vacía.

STAR TREK 1

Palabras clave: Nave Espacial, Velocidad Angular
Tiempo extraído de la película : ver Tráiler
Tráiler de la película: https://www.youtube.com/watch?v=gxAaVqdz_Vk

Contenido

En la primera película de *Star Trek* de 1980, una nave espacial alienígena amenaza la Tierra. Durante la película queda claro que es un viejo satélite terrestre del siglo XX.

Mantener los satélites en curso puede ser extremadamente difícil. Para dirigirlos, se necesita un volante. Cuando la rueda (ver imagen) se pone en rotación, la nave espacial gira en la dirección opuesta. Cuando la rueda se detiene, la nave espacial deja de girar, pero permanece en la nueva alineación bajo el ángulo $\Delta\theta_{new}$.

Se puede dar una idea de la complejidad de este efecto cuando se mira la historia de la sonda espacial Voyager 2. La Voyager se lanzó en 1977 y todavía está enviando datos a la Tierra. Sin embargo, mientras pasaba por el planeta Urano en 1986, se puso en rotación no deseada, cada vez que se encendía una grabadora, a bordo para la recolección de datos. Los ingenieros tuvieron que encender el inyector de control cada vez que esto sucedía.

Suponiendo que la grabadora movió la sonda durante su grabación de 5 minutos a una velocidad angular de $6 \times 10^{-3} s^{-1}$. ¿A qué ángulo se desvía la sonda?

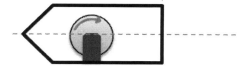

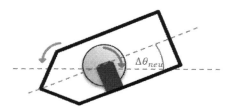

SOLUCIÓN

Aplica : $\varphi = \omega \cdot t$

Por lo tanto : $\omega \cdot t = 6 \times 10^{-3} \frac{1}{s} \cdot 5 \, min \cdot \frac{60s}{1min} = 1.8°$

La sonda se desvía en un ángulo de 1.8°

TED

Palabras clave: Presión, Velocidad, Caida Libre
Tráiler de la película: https://www.youtube.com/watch?v=vRymJpzD-NE

Contenido

La película de comedia *Ted* (2012) comienza con un niño, deseando que su oso de peluche cobre vida. Este deseo se hace realidad y, pronto crecido, el hombre termina compartiendo un departamento con su osito. Los estándares de la película son claros en el póster, en el que el actor principal Mark Walhberg y su osito están parados uno al lado del otro frente a una fila de urinarios, el oso sostiene una botella en forma de oso en la mano.

Como físicos, miramos esta imagen desde la perspectiva de un nerd y nos hacemos la pregunta importante: ¿Qué tan grande debe ser la distancia d para golpear con precisión el centro del inodoro?

Se establece lo siguiente: uno orina a una presión promedio de 306 Pascal, a una altura de aproximadamente 1 metro. El asiento del inodoro está aproximadamente medio metro por debajo y se sabe que la densidad de la orina es $\rho_{orina} = 1020\,\frac{kg}{m^3}$.

Calcule la distancia ideal d.

SOLUCIÓN

La presión con la que se orina es la presión hidrodinámica. Se aplica:

$$p = \frac{1}{2}\rho v^2 \;\;\rightarrow\;\; v = \sqrt{\frac{2p}{\rho}} = \sqrt{2 \cdot \frac{306\,\text{Pa}}{1020\frac{\text{kg}}{\text{m}^3}}} = 0.77\,\frac{\text{m}}{\text{s}}$$

La diferencia de altura es de 0.5 metros; así pues, una gota de orina tarda

$$s = \frac{1}{2}g t^2 \;\rightarrow\; t = \sqrt{\frac{2s}{g}} = \sqrt{\frac{1\,\text{m}}{9.81\frac{\text{m}}{\text{s}^2}}} = 0.32\,\text{s}$$

En 0.32 s la gota viaja exactamente $s = v \cdot t = 0.77\frac{m}{s} \cdot 0.32\,\text{s} = 0.25\,\text{m}$

La distancia ideal al centro de la taza del inodoro es de 25 cm.

MISIÓN IMPOSIBLE 4

Palabras clave: Presión de Aire, Masa
Tiempo extraído de la película : ver enlace YouTube 1:55 min.
Tráiler de la película: https://www.youtube.com/watch?v=NPjnoBd5GOM

Contenido

En la película de espías *Misión Imposible 4*, Ethan Hunt tiene que salvar al mundo de una guerra atómica. Durante la película, sube por la pared exterior del Burj Khalifa, que tiene 828 metros de altura, usando un tipo especial de guantes. Después de que uno de los guantes no funciona, Ethan se queda colgado del cristal de la ventana durante varios segundos con solo una mano.

¿Es eso posible?

Tareas

Según el experimento de Torricelli, sabemos que la presión del aire puede empujar una columna de agua en el aire hasta un máximo de 10.33 m.

1) Con la ayuda del experimento Torricelli, calcule el peso de la columna de aire sobre una superficie de $1 \ m^2$.

2) Hacer suposiciones apropiadas. ¿La superficie de un guante es lo suficientemente grande como para contener a Ethan Hunt?

3) Calcule la superficie mínima necesaria para soportar su peso.

$$\rho_{agua} = 1000 \frac{kg}{m^3}$$

SOLUCIÓN

1) El peso de la columna de agua corresponde exactamente al peso de la columna de aire. Entonces: Diez kilos de columna de aire pueden elevar exactamente diez kilos de agua. Una columna de agua a través 1 m^2 con una altura de 10.33 m, tiene un volumen de 10.33 m^3.

Se aplica que:

$$p = h \cdot g \cdot \rho$$
$$1,000\,\frac{kg}{m^3} \cdot 9.81\,\frac{m}{s^2} \cdot 10.33\,m = 100,000\,Pa$$
$$= 100,000\,Nm^2$$
$$= 10,000\,kg/m^2$$

La columna de aire a través 1 m^2 por lo tanto tiene un peso de aproximadamente 10 toneladas. La manguera en el experimento tiene un diámetro de aproximadamente 1 cm^2. En consecuencia, la columna de aire anterior pesa 1 kg.

2) Por cm^2 una masa de 1 kg descansa en el guante. Un guante tiene una superficie de aproximadamente 90 cm^2. En consecuencia, el guante podría soportar una masa de aproximadamente 90 kg. Su truco es posible.

3) De acuerdo con el peso de Ethan Hawk, la superficie debe estar en cm^2.

ANT-MAN

Palabras clave: Reducción, Masa, Energía Potencial
Tiempo extraído de la película : ver Tráiler
Tráiler de la película: https://www.youtube.com/watch?v=42h1BHPf0ag

Contenido

En la adaptación cinematográfica de 2015 del cómic *Ant-Man*, el exladrón Scott Lang se reduce al tamaño de una hormiga con la ayuda de un súper traje.

Tareas

1) El hombre hormiga se reduce a un tamaño de aproximadamente 12 mm, pero aún conserva la fuerza de un humano. Calcule su masa a densidad constante. Hacer suposiciones apropiadas.

2) Considerando la masa calculada y la fuerza de un ser humano normal, ¿qué tan alto podría saltar Ant-Man?

   - En primer lugar, idear una fórmula para el trabajo acelerado W_B durante el salto.

   - Durante un salto hay tres etapas: en cuclillas (I), uno acelera hasta ponerse de pie (II) y luego salta a una altura máxima h (III). ¿Cómo cambia la energía potencial a lo largo del salto? (compare las etapas (I) y (III))

Igualar ambas fórmulas. Calcule su propia potencia de salto y use el resultado como medida para responder a la pregunta de qué tan alto podría saltar Ant-Man.

1) A una altura estimada de 1.80 m y un peso de 80 kg, simplificaremos la forma de Ant-Man a un cilindro con un radio de 30 cm y comenzaremos a calcular su densidad:

$$\rho = \frac{m}{V} = \frac{80 \; kg}{\pi \cdot r^2 \cdot h} = 157 \frac{kg}{m^3}$$

Usando esto, así como su altura reducida de 12 mm y radio de 0.2 mm, podemos calcular su nueva masa:

$$m = \rho \cdot V = 157 \cdot \pi \cdot 0.002^2 \cdot 0.0012 = 2.36 \cdot 10^{-7} kg = 0.2 \; mg$$

Para comparar: una hormiga tiene una masa de aproximadamente 4 mg.

2) Con la ayuda del siguiente diagrama, podemos ver cómo se lleva a cabo el proceso de salto:

Para trabajo acelerado se tiene:

$$W_B = F_B \cdot s$$

El trabajo de aceleración se utiliza para aumentar la energía potencial de la persona que salta. Esta energía potencial se calcula de la siguiente manera:

$$E_p = m \cdot g \cdot (h + s)$$

Al igualar las dos fórmulas uno encuentra:

$$W_B = E_p$$

$$F_B \cdot s = m \cdot g \cdot (h + s)$$

Estamos especialmente interesados en la altura del salto h:

$$h = \frac{F_B \cdot s}{m \cdot g} - s \sim \frac{1700 \, N \cdot 0.30 \, m}{2.36 \cdot 10^{-7} kg \cdot 9.81 \frac{m}{s^2}} - 0.3 \, m = 220{,}287{,}150 \, m$$

Para comparar: este es la mitad de la distancia de la Tierra a la Luna.

TERMINATOR GENISYS

Palabras clave: Caída Libre, Velocidad Angular
Tiempo extraído de la pelicula : ver tráiler
Tráiler de la película: https://www.youtube.com/watch?v=te06I-wkW1U

Contenido

En la película de acción *Terminator Genisys* de 2015, hay una persecución espectacular entre dos helicópteros. Arnold Schwarzenegger salta del primer helicóptero unos 40 metros hasta el segundo para detenerlo. Ni la cuchilla del rotor se rompe, ni el Terminator es cortado por ellos, como se ve en las siguientes escenas. Simplemente cae a través de las cuchillas.

Tareas

¿Es posible que Arnold Schwarzenegger caiga a través del rotor en funcionamiento, sin lastimarse o dañar las cuchillas? Hacer suposiciones apropiadas.

Sugerencias: el motor del helicóptero maneja alrededor de 300 rotaciones/min y posee un diámetro de rotor de 15 m.

SOLUCIÓN

- En primer lugar, tenemos que calcular cuánto tiempo se cae el Terminator:

$$s = \frac{1}{2}at^2 \;\rightarrow t = \sqrt{\frac{2s}{a}} = 2.86\,s$$

- Luego, tenemos que calcular la velocidad que tiene cuando choca con el helicóptero:

$$v = a \cdot t = 28\frac{m}{s}$$

- Ahora, tenemos que ver cuánto tarda el Terminator en caer por el rotor. Para simplificar, suponemos que su cuerpo tiene 2 m de largo y, durante este corto período de tiempo, muestra un movimiento constante:

$$v = \frac{s}{t} \rightarrow t = \frac{s}{v} = \frac{2m}{28\,m/s} = 0.07\,s$$

El exterminador necesitaría 0.07 segundos para caer a través del rotor. La pregunta ahora es, ¿cuántas veces su cuerpo sería golpeado durante este período?

- El helicóptero hace 300 rotaciones por minuto. Como hay dos cuchillas, tenemos que duplicar esto.

$$600\frac{rot}{min} = 10\frac{rot}{s}$$

Esto significa que cada 0.1 segundo el aspa del rotor pasa un punto dado.

Por consiguiente, es poco probable pero técnicamente posible que Schwarzenegger caiga a través de las cuchillas.

THE MARTIAN

Palabras clave: Radioactividad, Desempeño, Termodinámica
Tiempo extraído de la película : 00:37:24 – 00:38:28
Tráiler de la película: https://www.youtube.com/watch?v=XvB58bCVfng

Contenido

The Martian (2015) cuenta la historia del astronauta Mark Watney, que se quedó en Marte después de un accidente, y ahora tiene que luchar por la supervivencia.

Para aumentar el alcance de su rover de Marte, apaga la calefacción. Para no morir congelado en el frío planeta, desenterra la batería de radionúclidos de un viejo satélite, cargado con 25 kg de plutonio 238 Pu, y lo usa como fuente de calor. Las baterías de radionúclidos utilizadas en los viajes espaciales obtienen su energía de la desintegración radiactiva del plutonio y pueden alimentar una sonda espacial durante muchas décadas. La salida térmica resultante de esta desintegración radiactiva es de 450 W / kg.

Tareas

1) Determine la salida térmica de la batería con una eficiencia del 8% y compárela con un calentador eléctrico convencional.

2) En la película, Watney está sentado a escasos centímetros de la batería. Investigue en Internet, si esto es realista.

SOLUCIÓN

1) La salida térmica es $25\,kg \cdot 450\,W/kg \cdot 0.08 = 900\,watts$ el cual es comparable a un calentador eléctrico convencional.

2) El plutonio es un emisor alfa y se protege fácilmente. La escena es realista.

BATMAN VS SUPERMAN

Palabras clave: Energía Relativista, Velocidad de la Luz, Energía
Tiempo extraído de la película : ver enlace YouTube
Tráiler de la película: https://www.youtube.com/watch?v=NMWAWljzj8M

Contenido

Batman vs Superman es la adaptación de 2016 de un cómic. Debido a la preocupación por el poder del incontrolable Superhombre divino, Batman decide intentar destruirlo. Al mismo tiempo, el mundo está discutiendo qué tipo de superhéroes necesita la Tierra en última instancia.

Durante el transcurso de la película, ambos superhéroes comienzan a golpearse salvajemente. Incluso, Superman tuvo que adherirse a las reglas de la física y no puede golpear más rápido que a la velocidad de la luz *c*.

Tareas

1) Calcule la energía relativista del puño de Superman (m = 300 g), si golpea con v = 99% de *c*.

   Para clasificar el resultado, uno ocasionalmente convierte a Joule en millones de toneladas del explosivo TNT (Mt). Para esto se aplica: $1\,J = 2.4 \times 10^{-16} Mt$.

2) Compare e interprete el golpe de Superman mirando el poder destructivo de "Little Boy", la bomba atómica que destruyó Hiroshima con aproximadamente 13 kilotones de fuerza explosiva equivalente a TNT.

SOLUCIÓN

1) Para calcular la energía, tenemos que mirar la teoría de la relatividad, teniendo en cuenta la transformación de Lorentz: dado que el puño se está moviendo, no estamos viendo una masa en reposo m_0.

En el primer paso tenemos que calcular el factor de distorsión γ:

$$\gamma = \frac{1}{\sqrt{1 - \dfrac{v^2}{c^2}}} = 7.09$$

Usando esto, podemos calcular la energía relativista E :

$E = m_0 \cdot \gamma \cdot c^2 = 1.9 \times 10^{17} J = 190\ 000\ 000\ 000\ 000\ 000$ Joule

2) $1.9 \times 10^{19} J \cong 45.6\ Mt = 45,600\ kt = 45,600,000$ tons TNT

El impacto del golpe corresponde a 3,500 veces el de la bomba de Hiroshima.

BATMAN VS SUPERMAN

Palabras clave: Energía Relativista, Velocidad de la Luz, Energía
Tiempo extraído de la película : ver enlace YouTube
Tráiler de la película: https://www.youtube.com/watch?v=NMWAWljzj8M

Contenido

Batman vs Superman es la adaptación de 2016 de un cómic. Durante el transcurso de la película, ambos superhéroes comienzan a golpearse salvajemente. En la tarea anterior se pudo calcular, que un solo golpe de Superman corresponde a 190 billones de julios de energía.

Tareas

1) Con la ayuda de la constante de Boltzman, calcule la temperatura generada por el golpe de Superman, suponiendo que toda la energía cinética se convierta en energía térmica.

2) Investigación en internet. ¿Qué temperatura hay en el interior del sol? ¿A cuántos Kelvin se desintegran los átomos? ¿Qué temperatura pudo tener durante el Big Bang? Compare con 1) y haga suposiciones sobre las consecuencias de un golpe de Superman.

SOLUCIÓN

1) El promedio de la energía cinética E_k de una partícula se calcula usando $E_k = \frac{3}{2} \cdot k \cdot T$ con la constante de Boltzman $k = 1.38 \cdot 10^{-23} \frac{J}{K}$. Esto resulta en una temperature de $9.2 \times 10^{39} \, °C$.

2) Temperatura dentro del sol : 15 000 000 °C

   Temperatura de fusión nuclear : 100 000 000 °C

   Temperatura máxima posible (temperatura de Planck): $1.4 \times 10^{32} \, °C$

   En un radio de varios cientos de metros alrededor del golpe de Superman, todos los átomos se evaporarían por completo.

PAY THE GHOST

Palabras clave: Rotación de la Tierra, Velocidad
Tiempo extraído de la película : 01:14:06 – 01:15:30
Tráiler de la película: https://www.youtube.com/watch?v=Fk72T1wTtcc

Contenido

En el thriller sobrenatural *Pay the Ghost*, Mike Lawford (Nicholas Cage) intenta desesperadamente encontrar a su hijo, que desapareció en un desfile de Halloween. En la emocionante conclusión de la película, Lawford sigue a su hijo a través de una puerta y un puente hacia un mundo espiritual irlandés.

Esta puerta solo está abierta durante Halloween y se cierra al final del día. El padre agarra a su hijo y huye del cambio de fecha a través del puente, mientras se derrumba detrás de él.

Tareas

Calcular: ¿Es posible escapar del final de un día?
Sugerencia: la Tierra tiene un radio de 6,370 km.

SOLUCIÓN

La Tierra tiene un radio de 6,370 km, que corresponde a una circunferencia de

$C = 2 \cdot \pi \cdot r = 40{,}000$ km.

Como la Tierra gira una vez en un período de 24 horas, la línea de fecha se mueve a

$$\frac{s}{t} = \frac{40{,}000\,km}{24h} = 1{,}667\,\frac{km}{h} = 462\,\frac{m}{s}.$$

Nicholas Cage nunca podría escapar del cambio de fecha.

CAPTAIN AMERICA

Palabras clave: Caida Libre, Aceleración, Fuerza
Tráiler de la película: https://www.youtube.com/watch?v=-ByXIjmLsI

Contenido

En la historia de superhéroes, el héroe de *Capitán América: Guerra Civil*, Steve Rogers, lucha contra su antiguo compañero de armas Bucky Barnes, quien solía ser el mejor amigo del Capitán América durante la Segunda Guerra Mundial. Después de descubrir la identidad secreta de Roger como Capitán América, Barnes se entrena como su compañero.

Después de una última misión hacia el final de la guerra, parece haber encontrado su muerte. Pero unas décadas más tarde reaparece como el súper agente soviético Winter Soldier, lavado de cerebro, y resulta ser el enemigo del Capitán América y los Vengadores. Su nombre "Soldado de Invierno" proviene del hecho de que por lo general se lo mantiene congelado en estasis criogénica, y solo se activa para atacar y, por lo tanto, solo ha envejecido efectivamente durante unos años durante varias décadas.

En la película, Barnes salta de un puente de la autopista, de unos 9 m de altura, aterrizando en la calle de abajo completamente ileso. ¿Es posible?

Tareas

1) Determine el tiempo de caída y úselo para calcular la velocidad resultante v_1.

2) Bucky solo dobla sus rodillas un poco después de su salto, y necesita 0.125 s para absorber el impacto. Calcule la velocidad negativa que impacta su cuerpo.

3) Compare su resultado con el gráfico a continuación, que representa los límites de las fuerzas de supervivencia. ¿Es realista su salto?

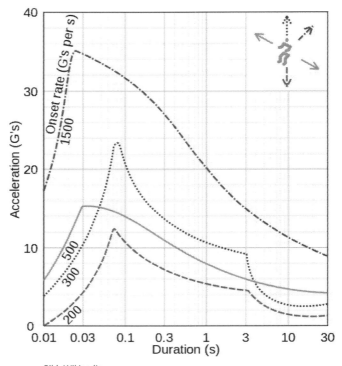

Bild: Wikipedia
https://en.wikipedia.org/wiki/G-force

SOLUCIÓN

1) El tiempo de caída se puede estimar prestando atención a la animación y se trata de t = 1.35 s

   Por lo tanto, se aplica : $s = \frac{1}{2} \cdot a \cdot t^2$ y $a = v \cdot t$ de lo que sigue $v = 13.24 \frac{m}{s}$.

2) Ahora estamos buscando la aceleración a. Suponemos que su distancia de freno es de $0.3\ m$:

$$a = \frac{2s}{t^2} = \frac{0.6\ m}{(0.125s)^2} = 38.4\frac{m}{s^2} = 4G$$

3) Es muy posible sobrevivir a este salto, como lo ilustra el parkour deportivo francés. Sin embargo, la imitación es estrictamente desaconsejada.

GREY'S ANATOMY

Palabras clave: Cuerpo, Caída Libre
Tiempo extraído de la película : Greys Anatomy, 5x01, 39:30 – 40:46 (o enlace YouTube)
Tráiler de la película: https://www.youtube.com/watch?v=FyePUT2pbIY

Contenido

Grey's Anatomy es una serie de hospitales estadounidenses, que es comparable a las telenovelas baratas en términos de la frecuencia de las tragedias que cada personaje tiene que curar regularmente. En el primer episodio de la serie 5, el Dr. Yang cae en un suelo resbaladizo y es empalada por una estalactita de hielo.

Tareas

Desde un punto de vista físico, tenemos que preguntarnos si esta escena es realista. Está claro que la estalactita cae sobre el médico desde una altura de aproximadamente 4 m, en forma de cono de 40 cm de longitud y con un diámetro de aproximadamente 10 cm. El abdomen humano puede soportar una presión de 9×10^6 Pascal antes de ser perforado.

Complemente los supuestos faltantes y decida: ¿Es esto realista?

SOLUCIÓN

Primero que todo, tenemos que determinar el volumen del cono:

$$V = \frac{\pi}{3} \cdot r^2 \cdot h = 1.05 \, dm^3$$

Esto es comparable a 1 kg de masa.

La pared abdominal puede producir aproximadamente 5 cm (distancia de ruptura), a través de la cual podemos igualar la energía potencial de las estalactitas de hielo con el esfuerzo de ruptura requerido, para determinar la fuerza necesaria:

$$m \cdot g \cdot h = F \cdot s$$

De esto se deduce inmediatamente:

$$F = \frac{m \cdot g \cdot h}{s} = 824 \, N$$

El abdomen humano puede soportar una presión de 9×10^6 Pascal, que, cuando se convierte, corresponde a 900 Newton por centímetro cuadrado.

Siempre que la punta dela estalactita no sea más pequeña que 1 cm², lo más probable es que no pueda penetrar la pared abdominal. Sin embargo, la escena no es del todo irrealista.

MENTIRAS ARRIESGADAS (TRUE LIES)

Palabras clave: Caída Libre, Aceleración, Resistencia del Aire, Presión, Esfuerzo de Freno
Tiempo extraído de la película : enlace YouTube
Tráiler de la película: https://www.youtube.com/watch?v=-lthuHzwcls

Contenido

True Lies es una comedia de espías con Arnold Schwarzenegger. La película trata sobre un agente secreto, que tiene que mantener su trabajo en secreto de su familia. Su esposa está aburrida por su convencionalidad (fingida) y comienza una historia de amor con un mujeriego que le dice que él es un agente secreto. Durante el transcurso de la película, la familia se involucra en un verdadero altercado con un terrorista árabe. Hacia el final de la película, los malos celebran su plan y disparan al azar sus ametralladoras al aire.

Tareas

La escena llama a la pregunta de qué sucede con los proyectiles después de que han sido disparados al aire.

1. Un proyectil con un calibre de 7.62 mm deja una ametralladora con una velocidad de hasta 800 m/s. Calcule la altura posible y decida: ¿Es realista el resultado?

2. Experimentalmente, se ha demostrado una velocidad de 500 km/h para un proyectil que cae. Determine la energía cinética de tal proyectil.

3. Determine el peligro que proviene de un proyectil que cae. Según una investigación, la parte superior del cráneo puede soportar una presión de 39.1 MPa.

SOLUCIÓN

1) La altura de lanzamiento puede ser: $y_{max} = \frac{v_0^2}{2 \cdot g} = 31{,}408\ m \approx 31\ km.$

    No, el resultado no es realista. En este punto, debemos tener en cuenta la resistencia del aire. En realidad, un proyectil de este tipo alcanza una altura de 2,500 m y cae de nuevo a una velocidad de 500 km/h.

    Para la energía cinética se aplica:

    $$E_k = \frac{1}{2} \cdot m \cdot v^2 = \frac{1}{2} \cdot 0.012\ kg \cdot \left(139\frac{m}{s}\right)^2 = 115\ J$$

2) Suponemos que la parte superior del cráneo puede ceder aproximadamente 1 cm antes de romperse, lo que significa que la distancia de ruptura es de 0.01 m.

    $$E_k = F \cdot s$$

    $$F = \frac{E_k}{s} = \frac{115\ J}{0.01\ m} = 11{,}500\ \text{N}$$

    El casquete craneal puede soportar una presión de aproximadamente 39.1 MPa, que corresponde a 39,100,000 Newton por metro cuadrado, o 3,910 N por centímetro cuadrado. El proyectil golpea la cabeza con una fuerza de alrededor de 11,500 Newtons, ya que la punta probablemente sea más pequeña que 3 cm^2, penetraría el cráneo y provocaría lesiones graves, muy probablemente fatales.

    Experimentalmente, se ha demostrado el peligro de tales disparos en el aire.

Pregunta adicional: ¿Por qué está permitido que los cazadores disparen patos voladores desde el cielo?

THOR 3

Palabras clave: Momentum
Tiempo extraído de la película: ver Tráiler
Tráiler de la película: https://www.youtube.com/watch?v=0gaj048M9Vw

Contenido

En la tercera película sobre el superhéroe Thor, el tráiler ya muestra una pelea entre Thor y el Increíble Hulk. En el último segundo, es visible cómo los dos corren el uno hacia el otro, mientras que Thor ya está levantando el puño para darle un puñetazo.

Tarea

Mire el tráiler y explique: ¿Cómo serán los próximos segundos después de la colisión?

SOLUCIÓN

Según el vídeo, el increíble Hulk es una masa mucho más grande que Thor. Según la conservación del momento se aplica:

$$m_1 \cdot v_1 = m_2 \cdot v_2$$

En consecuencia, Thor sería arrojado hacia atrás con una velocidad considerable, mientras que Hulk, en el peor de los casos, permanecería en la misma posición.

WONDER WOMAN

Palabras clave: Impulso, Rapidez
Tiempo extraído de la película: ver Tráiler
Tráiler de la película: https://www.youtube.com/watch?v=Yqn1jKlTE9Q

Contenido

Con Wonder Woman, la primera superhéroe femenina, finalmente hizo su aparición en el cine en 2017. Como princesa amazónica, Diana, lucha por la justicia en la Primera Guerra Mundial. En el tráiler puedes ver cómo Wonder Woman rechaza los disparos de rifle de los soldados alemanes con sus tablillas plateadas. En vista de las muchas escenas de películas en las que las personas alcanzadas por balas son arrojadas hacia atrás, queremos echar un vistazo más de cerca a esta secuencia.

Tareas

1) Calcule el impulso que actúa en Wonder Woman cuando una bala de 5 gramos y viaja a una rapidez de 960 m / s y vuela en la misma dirección que en el remolque.

2) ¿A qué velocidad se mueve Wonder Woman (sin fricción) hacia atrás cuando es empujado por la bala? Hacer suposiciones apropiadas.

3) ¿Esto también funciona con una ametralladora? Suponga que tal arma de la Primera Guerra Mundial puede disparar alrededor de 500 rondas por minuto.

SOLUCIÓN

1) Calcule el impulso que actúa sobre Wonder Woman cuando una bala de 5 gramos y a 960 m/s y vuela en la misma dirección que en el remolque.

$$\Delta p_{\text{bala}} = p_2 - p_1 = m_K \cdot v_K - m_K \cdot (-v_k) = 2 \cdot m_K \cdot v_K$$
$$\Delta p_{\text{bala}} = 2 \cdot 0.005 \ kg \cdot 960 \frac{m}{s} = 9.6 \ kg \frac{m}{s}$$

2) ¿A qué velocidad se mueve Wonder Woman (sin fricción) hacia atrás cuando es empujada por la bala? Hacer suposiciones apropiadas.

Suposición: $m_{WonderWoman} = 50 \ kg$

$$p = m \cdot v \ \leftrightarrow \ v = \frac{p}{m} = \frac{9.6 \dfrac{m \cdot kg}{s}}{50 \ kg} = 0.192 \frac{m}{s} = 0.7 \frac{km}{h}$$

Wonder Woman puede soportar fácilmente un disparo de bala.

3) ¿Eso también funciona en una ametralladora? Suponga que tal arma de la Primera Guerra Mundial puede disparar alrededor de 500 disparos por minuto.

$$F = \frac{\Delta p}{\Delta t} = \frac{9.6 \ kg \dfrac{m}{s}}{0.12 \ s} = 80 \ N$$

Ese es el peso de un niño sentado sobre ti. Wonder Woman no debería tener ningún problema con eso.

ESO(IT)

Palabras clave: Rendimiento, Velocidad
Tiempo extraído de la película: ver Tráiler
Tráiler de la película: https://www.youtube.com/watch?v=fP4BBZ76DGg

Contenido

En la película de terror *IT* (2017), el lugar donde Derry es perseguido por un monstruo disfrazado de payaso Pennywise. En el transcurso de la película, se puede ver al payaso que se arrastra de una proyección de diapositivas a la realidad en gran estatura, se extiende, gateando a cuatro patas, hasta el techo del garaje. Para un adulto, el hueso del muslo podrá soportar aproximadamente 8,000 N, una vértebra (que solo tiene que transportar la mitad del peso corporal) aproximadamente 3,600 N.

Tareas

a) Hacer suposiciones adecuadas. ¿Los huesos pueden soportar a Pennywise después de que se magnifica?

b) ¿Qué tamaño podría tener al máximo antes de que se rompieran sus huesos?

c) El tono (frecuencia) de la voz humana es de aproximadamente 200 vibraciones por segundo. ¿Hasta qué punto cambiaría el período de vibración de Pennywise? (Pista: mira las cuerdas vocales como un péndulo de hilo)

d) La capacidad auditiva humana varía de 20 a 20 000 vibraciones. ¿Aún podríamos entender a Pennywise?

e) Básicamente, la capacidad auditiva depende del tamaño del tímpano (Sugerencia: ¡Superficie!). Entonces, a la inversa, ¿Pennywise podría comprender a los humanos de tamaño normal?

SOLUCIÓN

1) En primer lugar, uno debe establecer el factor de aumento x.
$$1.80 \cdot x = 7 \quad \rightarrow x = 3.9$$

Este factor se aplica a la longitud, el ancho y la profundidad. El peso (volumen) de Pennywise, por lo tanto, cambia con la tercera potencia:
$$80 \text{ kg} \cdot 3.9^3 = 4{,}705 \text{ kg}.$$

La sección transversal de los huesos (superficie), sin embargo, solo crece con el segunda potencia. La capacidad de carga peso es por lo tanto:
$$8{,}000 \text{ N} \cdot 3.9^2 = 115{,}520 \text{ N} \approx 12 \text{ t}$$
$$3{,}600 \text{ N} \cdot 3.9^2 = 54{,}756 \text{ N} \approx 5.6 \text{ t}$$

Por ende, ambos huesos pueden soportar el peso de Pennywise (nota: las vértebras solo tienen que soportar la mitad del peso)

Se busca el factor de aumento máximo x.

Se aplica: $800 \text{ N} \cdot x^3 = 8{,}000 \text{ N} \cdot x^2$ o $\quad 400 \text{ N} \cdot x^3 = 3{,}600 \text{ N} \cdot x^2$

(La fuerza de peso creciente no puede ser más que la capacidad máxima de carga de peso) De ello se deduce que $x_O = 10$ y $x_R = 9$

Así, Pennywise podría ser $1.80 \text{ m} \cdot 9 = 16.2 \text{ m}$ alto al máximo.

3) Para el período de vibración de un péndulo se aplica : $T = 2\pi \sqrt{\dfrac{l}{g}}$. Por lo tanto, la

única variable es *l*. Para el cambio en el período de vibración se aplica: $T_a = 2\pi \sqrt{\dfrac{3l}{g}}$.

El factor de cambio es por lo tanto $\sqrt{3} \sim 1.7$. El período de vibración T es menor en un factor de 1.7. (Nota: ¡Al ver las cuerdas vocales como superficies en lugar de líneas, el factor tendría que ser al cuadrado!)

Aplica: $T = \dfrac{1}{f}$. La frecuencia es mayor por un factor de 1.7.
$200 \, Hz : 1.7 = 117 \, Hz$. Sí, aún podríamos entenderlo.

Básicamente, el tímpano puede verse como una superficie, por lo tanto, se contrae en un factor de $1{,}7^2$. En consecuencia, la frecuencia audible aumenta en un factor de 3^2. El rango audible estaría entre 2 Hz y 2,222 Hz.

INTERESTELAR

Palabras clave: Dilatación del Tiempo, Agujero Negro, Relatividad.
Tiempo de extracto de la película : Escena de la película
Tráiler: https://www.youtube.com/watch?v=eoin0w7FOkE

Contenido

Interstelar es considera una de las películas con mejor contenido científico. En esta participó el reconocido físico teórico Kip Thorne quien colaboró en la versión original del guion. Cooper (Matthew McConaughey), un antiguo piloto e ingeniero, donde las circunstancias apocalípticas de la Tierra lo forzan a ser granjero, forma parte de la exploración espacial que se perfila como la única salvación de la humanidad. En un momento crítico, llegan al planeta Miller que se encuentra muy cercano a Gargantua (agujero negro); aquí no solo deben enfrentar los peligros masivos de la gravedad, sino también los efectos relativistas sobre el tiempo.

Tareas

1) Antes de llegar al planeta Miller, el astronauta Romilly menciona que 1 hora en el planeta equivale a 7 años en la nave. ¿A qué distancia del agujero negro se debe encontrar el planeta para notar este efecto relativista?

2) ¿Es físicamente posible que un planeta se encuentre a la distancia dada en 1)?

3) ¿Qué nos dice esta dilatación del tiempo sobre el agujero negro?

SOLUCIÓN

1) La ecuación que relacione la diltación del tiempo por efectos gravitacionales es

$$t_0 = t_f \sqrt{1 - \frac{2GM}{rc^2}} \rightarrow r = \frac{2GM}{\left[1 - \left(\frac{t_0}{t_f}\right)^2\right]c^2} = \frac{2*\left(6.67*10^{-11}\frac{Nm^2}{kg^2}\right)*\left(1.989*10^{38}kg\right)}{\left[1 - \left(\frac{24\,h}{61,320\,h}\right)^2\right]\left(3*10^8\frac{m}{s}\right)^2} = 8.84 * 10^8\,km$$

Nota: La masa de Gargantúa es alrededor de 100 millones de veces la masa del sol.

2) Para saber si es físicamente posible la distancia encontrada en 1), es necesario calcular el Radio de Schwarzschild

$$r = \frac{2GM}{c^2} = \frac{2*\left(6.67*10^{-11}\frac{Nm^2}{kg^2}\right)*\left(1.989*10^{38}kg\right)}{\left(3*10^8\frac{m}{s}\right)^2} = 2.94 * 10^8\,km$$

3) Todo objeto que se encuentre a una distancia menor al Radio de Schwarzschild será parte del agujero negro. Por lo cual, la respuesta dada en 1) es físicamente posible.

X-MEN:DÍAS DEL FUTURO PASADO

Palabras clave:. Campo Magnético, Fuerza magnética, Levitación
Tiempo de extracto de la película : Escena de la película
Tráiler: https://www.youtube.com/watch?v=pAApe_5Rewg

Contenido

Para el año de 1963 el guionista y editor estadounidense, Stan Lee, se le ocurrió la genial idea de utilizar la mutación genética para la creación de seres con superpoderes: los X-Men. En ese mismo año aparece Magneto, personaje por excelencia de la tira muy conocido por ser el maestro del magnetismo. Su poder mutante consta, principalmente, en generar y manipular los campos magnéticos. Su habilidad de manipular y crear magnetismo no solo le permite levantar por completo un estadio de baseball o el Golden State, también le permite levitar por los aires.

Tareas

1)   ¿Es físicamente posible que una persona pueda levitar por acción de un campo magnético tal como pasa con Magneto? Justifique.

2)   ¿Cuál es la intensidad del campo magnético que le permite a Magneto moverse por el aire?

3)   ¿Cuán intenso deberá ser el campo generado por Magneto que le permita levantar un avión?

4)   ¿Qué repercusiones físicas podrían ocasionar el exponerse a campos magnéticos tan intensos?

SOLUCIÓN

1) Los diamagnéticos, son aquellos materiales que responden débilmente a los campos magnéticos y siempre oponiéndose a los mismos. El ser humano se puede considerar diamagnético, debido a su composición mayoritaria de agua (75%) y carbono (19.37%). Así, bajo la presencia de un campo magnético fuerte, el cuerpo humano empezaría a sentir los efectos magnéticos.

2) Al aplicarse un campo magnético $\vec{B}$, las sustancias producen una magnetización $\vec{M}$ dada por:

$$\vec{M} = \frac{\chi V}{\mu_o}\vec{B},$$

χ es la susceptibilidad magnética del material (-9.5×10^{-6} para el cuerpo humano) y μ_o es la permeabilidad magnética en el vacío ($4\pi \times 10^{-7} N/A^2$) y V el volumen del cuerpo.

En el caso unidimensional, el momento magnético es un dipolo y la fuerza que siente por el campo externo está dada por:

$$f_{magnética} = \frac{\chi V}{2\mu_o}\frac{dB^2}{dz}$$

Así mismo, si asumimos un campo gradiente suave, es decir, un campo magnético uniforme, se puede aproximar la derivada como $\frac{dB^2}{dz} \sim -\frac{B^2}{L}$ (aproximación lineal por series de Taylor). Lo que permiter reescribir la expresión para la fuerza magnética como

$$f_{magnética} = \frac{\chi V}{2\mu_o}\frac{B^2}{L}$$

Para que Magneto pueda levitar es necesario que se cumpla $f_{Magnética} > f_{gravitacional}$. ($f_{gravitacional} = mg = \rho V g$)

$$\frac{\chi V}{2\mu_o}\frac{B^2}{L} > \rho V g,$$

resolviendo para B

$$B^2 > \frac{2\mu_o \rho g}{\chi}L$$

Si $g = 9.81 \, m/s^2$, $\rho = 980 \frac{kg}{m^3}$ y $L = 1.88 \, m$ (la altura de Magneto), el campo magnético debe ser: $B > 69.14 \, T$

3) Analicemos el caso de un avión comercial, el Boeing 777. Su composición es 70% aluminio, 11% acero, 11% compuestos de CFRP (carbon-fiber-reinforced polymer), 7% titanio y 1% misceláneos

$$\chi_{avión} \approx 0.7\chi_{Al} + 0.11\chi_{Fe} + 0.11\chi_{CFRP} + 0.07\chi_{Ti}$$

($\chi_{Al} = 2.07 \times 10^{-5}$, $\chi_{Fe} = 0.002$, $\chi_{CFRP} = -5.3 \times 10^{-7}$ y $\chi_{Ti} = 1.90 \times 10^{-3}$).

$$\chi_{avión} \approx 6.97 \times 10^{-4}.$$

De manera similar, podemos estimar la densidad media

$$\rho_{avión} \approx 0.7\rho_{Al} + 0.11\rho_{Fe} + 0.11\rho_{CFRP} + 0.07\rho_{Ti}$$
$$\rho_{avión} \approx 0.7(2.7\ g/cm^3) + 0.11(7.9\ g/cm^3) + 0.11(1.6\ g/cm^3) + 0.07(4.5\ g/cm^3)$$
$$\rho_{avión} \approx 3.25\ g/cm^3 = 3250\ Kg/m^3$$

Utilizando nuevamente la expresión para el campo magnético obtenido en 2)

$$B^2 > \frac{2(4\pi \times 10^{-7} N/A^2)(3250\ Kg/m^3)(9.81\ m/s^2)}{6.97 \times 10^{-4}}L \approx (114.96 T/m)L$$

La altura total del avión es $18.6\ m$, entonces, si desea levantarlo estando el avión en forma horizontal, es campo magnético sería

$$B > 46.24\ T$$

Por otro lado, el largo aproximado del avión es $63.7\ m$. Si el avión se encuentra en una posición vertical, Magneto tendría que generar un campo magnético de

$$B > 85.58\ T$$

Aviso de Derechos de Autor

Todas las películas y personajes mencionados en este libro están protegidos por derechos de autor y se utilizan para ilustrar en un entorno científico y educativo.

Las marcas registradas de copyright relacionadas con Spiderman, Hulk, Thor, Capitán América y los Vengadores son propiedad de Marvel Studios. Esto también se aplica en relación con logotipos y otros materiales.

Los derechos de autor y marcas registradas relacionados con Batman, Superman y Gotham son propiedad de DC Comics. Esto también se aplica en relación con logotipos y otros materiales.

Los derechos de autor y las marcas registradas relacionados con Bibi & Tina son propiedad de Kiddinx. Esto también se aplica en relación con logotipos y otros materiales.

Los derechos de autor y las marcas registradas relacionados con James Bond son propiedad de Metro-Goldwyn-Meyer. Esto también se aplica en relación con logotipos y otros materiales.

Los derechos de autor y las marcas registradas relacionados con Star Wars son propiedad de Walt Disney Studios. Esto también se aplica en relación con logotipos y otros materiales.

Los derechos de autor y las marcas registradas relacionados con Star Trek y Transformers son propiedad de Paramount Pictures. Esto también se aplica en relación con logotipos y otros materiales.

Los derechos de autor y las marcas registradas relacionados con Harry Potter son propiedad de Warner Bros. Pictures. Esto también se aplica en relación con logotipos y otros materiales.

Gracias

¡Muchas gracias por comprar este libro!
Esperamos que te haya brindado algo de alegría y que haya generado algunas ideas inspiradoras para tus lecciones.

Si tienes un minuto de sobra, le agradeceríamos enormemente una revisión en Amazon. Este libro fue desarrollado sin la ayuda de editores y sin sus comentarios probablemente se mantendrá en alrededor de cuatro copias vendidas. Solo somos maestros.

Siempre nos complace recibir notas, correcciones e ideas, así que no dude en contactarnos en halbtagsblog@gmail.com y scardena.pr@gmail.com. (especialmente con respecto a la traducción).

Made in the USA
Middletown, DE
23 October 2021